信息化背景下初中教学理论与方法研究

金辛芳◎著

北京燕山出版社
BEIJING YANSHAN PRESS

图书在版编目（CIP）数据

信息化背景下初中教学理论与方法研究 / 金辛芳著
. -- 北京 ：北京燕山出版社，2023.3
ISBN 978-7-5402-6836-7

Ⅰ．①信… Ⅱ．①金… Ⅲ．①初中－教学研究 Ⅳ.
①G632.0

中国国家版本馆 CIP 数据核字(2023)第 035034 号

信息化背景下初中教学理论与方法研究

作　　者　金辛芳
责任编辑　金贝伦　贾　玮
出版发行　北京燕山出版社有限公司
社　　址　北京市西城区椿树街道琉璃厂西街20号
电　　话　010-65240430
邮　　编　100052
印　　刷　北京四海锦诚印刷技术有限公司
开　　本　787mm×1092mm　1/16
字　　数　206 千字
印　　张　11.25
版　　次　2024 年 4 月第 1 版
印　　次　2024 年 4 月第 1 次印刷
定　　价　78.00 元

前 言

在信息化背景下，教师可以充分利用各种信息技术手段，使初中教学范围不断扩大，并有效活跃课堂学习气氛，提高学生的学习积极性，同时，利用信息技术，教师还可以将原本抽象的教学内容变得更生动具体，从而使学生的学习效果得到显著提高。传统的教学方式是老师通过固定的时间、固定的地点，对固定的学生进行学习，学生所有的教学活动基本都在固定的教室完成。但是信息化教学打破了这所有的固定，它可以随时随地让教师布置及组织教学，使学生完成学习并形成有效反馈，学生也不再局限于教师所教授的班级，可以是全国甚至全球的学生。它使得教学方式多样化、评价及反馈更加客观有效，大大地提高了教与学的效率。

是信息化背景下初中教学理论与方法研究方向的著作，本书从信息化教学概述、在线课程与自主学习介绍入手，针对信息化教学的含义、要素与特征、基本原则、目标、层次与途径以及在线课程与网络教学应用新技术进行了分析研究；另外，本书对信息化背景下初中教学的手段、信息化背景下初中教学的模式、信息化背景下初中教学过程的方法做了一定的介绍；还剖析了信息化背景下初中微格教学技能与评价等相关内容；旨在摸索出一条适合信息化背景下初中教学的科学道路，帮助教师与学生在应用中少走弯路，运用科学方法，提高教学与学习效率，对信息化背景下初中教学理论与方法研究有一定的借鉴意义。

在本书的策划和编写过程中，曾参阅了大量文献和资料，从其中得到启示；同时也得到了有关领导、同事、朋友及学生的大力支持与帮助。在此致以衷心的感谢。本书的选材和编写还有一些不尽如人意的地方，加上编者学识水平和时间所限，书中难免存在缺点，敬请同行专家及读者指正，以便进一步完善提高。

2022 年 5 月

目录

第一章 信息化教学概述

第一节 信息化教学的含义

信息技术的出现使人类社会迅速步入信息社会，引起了人们生活的巨大改变。随着信息技术在教育教学中的不断深入应用，信息化教学应运而生。它作为一种新型的教学形式，以现代信息技术的应用为主要特征，与传统教学相比，信息化教学具有多样化的教学手段、丰富的教学资源，已经成为现代教学理念指导下的新的教学模式。同时，信息化教学更加重视现代媒体在教学中的应用，不同的教学要素之间通过媒体紧密联系，具有信息化的特征。在不同的信息化教学环境的支持下，目前教育中的三大类教学结构，即以"教"为中心的教学结构、以"学"为中心的教学结构和教师主导—学生主体的教学结构逐渐具有信息化的特征，形成三种典型的信息化教学资源环境支持下的教学结构类型：教学授递环境支持下的信息化教学、信息资源环境支持下的信息化教学、集成化资源环境支持下的信息化教学。任何一种教学形式都需要遵循一定的教学原则，信息化教学也不例外，只有在教学原则的指导下，信息化教学才能够更加有效地开展，从而优化教学过程，提升教学效率。

一、信息化教学的基本理念

自 20 世纪中叶以来，以电子计算机和通信技术为代表的现代信息技术的出现带来了"信息技术革命"，它使当今世界发生了人类有史以来最为迅速、广泛、深刻的变化，促使人类社会迅速进入了信息社会：信息技术的飞速发展，对社会的各个领域，对人类生活的各个方面都产生了巨大影响。信息技术在教育中的应用，引起了教育教学的深刻变革，信息化教育就是随着"信息高速公路"的发展被提出来的，它是以现代信息技术在教育教学中的广泛应用为特征的新的教育形态，是教育适应信息社会发展的必然结果。

正如教学是教育的主体与核心一样，信息化教学也是信息化教育的主体和核心，它是与传统教学相对而言的一种教学形式，注重现代教学媒体在教育中的应用。

"所谓信息化教学，就是指教育者和学习者借助现代教育媒体、教育信息资源和方法进行的双边活动。它既是师生运用现代教育媒体进行的教学活动，也是基于信息技术在师生间开展的教学活动"。

信息化教学是与传统教学相对而言的现代教学的一种表现形态，是在现代教学理念的指导下，重视现代信息技术，如：现代网络技术、计算机及多媒体技术、卫星通信技术等在教学中的作用，充分利用现代教育技术手段，应用现代教学方法，调动多种教学媒体、信息资源，构建良好的教学与学习环境，并在教师的组织和指导下，充分发挥学生的主动性、积极性、创造性，使学生能够真正成为知识、信息的主动建构者，从而达到良好的教学效果。

在信息化教学中，教师利用多样化的教学环境、丰富的教学资源，在先进的教学理念指导下组织教学内容，设计并开展形式多样的教学活动；学生则在信息化环境中利用丰富的资源和多样化的交互工具开展合作学习、探究学习，主动对知识进行意义建构，从而促进个人的全面发展。

现代教学理念是随着现代教学理论的发展而出现的，是"以学生为本"的教学理念。主要表现在以下几个方面：

（一）强调学生的主体地位

传统教学以教师的"教"为中心，教师是教学活动的主体。建构主义理论认为，学生是教学活动的积极参与者和知识的建构者，教学应当以学生的"学"为主要任务，学生是教学过程的主体，一切教学活动都要围绕学生的"学"来展开。在现代教学中，学生是具体的、活生生的、有丰富个性的、不断发展的认识主体，是具有主观能动性的独立个体和群体。教学是学生在教师指导下，有目的地去获取对客观世界认识的知识，发展社会适应性的能动过程。学生的主体性在教学过程中具体表现为自主性、主动性和创造性。

（二）由强调知识的积累和技能的训练向学生主动建构转变

建构主义学习理论认为，知识不是通过教师传授得到的，而是学习者在一定的情境即社会文化背景下，借助其他人（包括教师和学习伙伴）的帮助，利用必要的学习资料，通过意义建构的方式而获得的。因此，近年来，学习者由过去被动地接受知识向主动建构知识的方向转变。

（三）学生改变以往接受式的学习，转变为自主、探究、合作式的学习

新课改明确指出，要改变课程实施过于强调接受学习、死记硬背、机械训练的现状，倡导学生主动参与、乐于探究、勤于动手，培养学生收集和处理信息的能力、获取新知识

的能力、分析和解决问题的能力以及交流与合作的能力。因此，教师应当首先改变以往的教学方式，运用信息化教学方式培养学生的自主学习、探究学习、合作学习能力；其次，要从各个方面培养学生主动探究、合作学习的意识，让学生意识到只有积极主动地学习才能够适应信息化社会的需求。

（四）强调活动的重要性

传统的教学活动主要是知识的"授—受"活动。现代的教学活动理念要求在教学中充分认识到活动的重要性和多样性，教师要为学生设计多种性质的活动，组织学生在活动中进行不同形式的学习，在活动中充分发挥学生的主动性、自觉性，培养学生的创新意识、创新精神、创新能力，促使学生的知识、能力和个性全面发展。

（五）强调学生的主观能动性

在教学过程中要激发学生学习的兴趣、探究的激情，尊重学生的个性和特长，注重学生在学习中的积极参与，最大限度地挖掘学生的潜能。

教师应当利用多媒体技术有效地激发学生的学习兴趣，利用多样化的教学方式促进学生积极主动地对知识进行自主探究。

（六）强调师生积极主动地互动交流

多样的师生互动交流，有助于缩短师生的心理距离，增强学生的学习兴趣，有助于学生在学习中共享生活经验，完善知识结构，促进社会性学习，发展社会性素质。对于教师来说，师生之间的互动交流可以使教师放下权威的架子，与学生平等交往，有助于教师与学生相互学习，共同提高。

在现代教学理念的指引下，出现了许多新的教学方法，其中，比较典型的有：问题教学法、启发式教学法、发现式教学法、探究式教学法、案例教学法等。

二、信息化教学与传统教学的差异

信息化教学与传统教学没有本质的区别，它也是教师的教和学生的学的双向共同活动。但是信息技术的出现和多媒体在教学中的应用，使得信息化教学在教学手段、教学资源、教学环境以及教学模式等方面有了新的特点，并与传统教学相比有了很大的差异性。

（一）教学手段的差异性

从广义上来讲，教学手段就是为了实现预期教学目的，教师和学生用来进行教学活动，作用于对象的信息的、精神的、物质的形态和力量的总和。在这里，教学手段主要表现为某种具体的教学媒体。传统的教学媒体主要有黑板、教科书、标本、模型、图表等，因此，传统的教学手段是指教师针对教学内容，运用简单的媒体，单向传播教学信息的方式。信息化教学手段主要是随着多媒体技术在教学中的应用，教师将原来以教材形式存在的各种文字、图像、数据、表格转化为数字化的教学资源，利用多媒体呈现的方式进行教学，同时，多媒体资源也能够快速方便地通过网络传递、共享，提高教学效率。传统教学手段与信息化教学手段的差异见表1-1。

表 1-1　传统教学手段与信息化教学手段的差异

项目＼教学手段	传统教学手段	信息化教学手段
表现形式	单一化	多样化
媒体特征	传统媒体	多媒体
讲授方式	灌输式讲授	交互式指导
信息传递	单向传递	双向、多向传递

　　传统教学的形式单一，主要是以课堂教学为主，教师传授知识、学生接受知识是主要的教学活动。信息化教学的形式多样化，在各种类型的教学环境中开展多样化的教学，如：自主学习、协作学习、探究学习等。传统教学主要借助单一化的媒体开展教学活动，教学媒体承载教学信息的能力比较低，传递教学信息的功能比较简单、机械。信息化教学手段具有丰富的教学功能，通过大屏幕投影清晰地传授知识，通过网络开展小组讨论、师生答疑、作业提交、网上学习和测试等，加强了师生之间的交流，培养了学生的自主学习能力。信息化教学能够提高学习效果，信息化手段集声音、图像、文字等多种信息于一体，极大地满足了学生视听等感官需求，激发了学生的学习兴趣。传统教学大多数采用灌输式的讲授方式，教学信息是从教师到学生的单向传递，没有考虑到每个学生的特点，不能做到"因材施教"，从而使教学比较枯燥乏味，不利于学生认知能力的发展。信息化教学采用的讲授方式是交互式指导，教师与学生之间互动交流，教学信息可以双向或多向传递，既可以从教师到学生，也可以从学生到教师，从而使师生之间形成平等的地位，有利于教学活动的有效实施。

　　同时，信息化教学具有直观性，它可使形、声、色浑然一体，把一些传统教学手段无法表现的复杂的过程、一些不易观察和捕捉的现象、一些无法现场呈现的场景，都真实、鲜活地呈现在课堂上，创设生动、形象、具有强烈感染力的情境，调动学生学习的积极性，使学生更好地掌握知识，从而提高教学效果。它具有传统教学手段所没有的趣味性、直观性，可以充分调动师生的积极性、主动性和创造性，突破教学的重难点，从而更加容易达到教学目的，使学生在愉快、轻松的环境中获得知识。

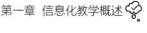

尽管传统教学手段和信息化教学手段有一定的差别，但是它们都有各自的优点，在教学过程中，它们是相互补充、取长补短的关系。应当将传统教学手段与信息化教学手段结合起来，实现优势互补，才能最大限度地提高教学质量。

（二）教学资源的差异性

教学资源是支持整个教学过程达到一定教学目的，实现一定教学功能的各种资源总和，是教学系统中的一切物化资源和非物化资源，主要包括教学资料、支持系统、教学环境等。传统教学资源与信息化教学资源的差异见表 1-2。

表 1-2　传统教学资源与信息化教学资源的差异

项目 \ 教学手段	传统教学资源	信息化教学资源
教学材料	教科书、挂图、教学器具、课件、教学电视等	数字化素材、教学软件、补充材料等
支持系统	教师和同伴对学习者的指导与帮助	现代媒体和学习工具对教与学过程的参与，网络信息对学习内容的补充
教学环境	以教室为主，以课堂教学为主要教学形式	以信息技术的应用为特征，多样化的教学环境和教学形式

教学材料蕴含了大量的教育信息，是能创造出一定教育价值的各类信息资源。传统教学材料包括教科书、挂图、教学器具、课件、教学电视等。信息化教学材料指的是以数字形态存在的教学材料，包括学生和教师在学习与教学过程中所需要的各种数字化的素材、教学软件、补充材料等，具体形式有：文本、图形/图像、音频、视频等素材类教学资源，虚拟实验室、教育游戏类、电子期刊类、教学模拟类、教育专题网站等集成型教学资源以及网络课程。

支持系统主要指支持教师有效开展教学活动以及学习者有效学习的内外部条件，包括学习能量的支持、设备的支持、信息的支持、人员的支持等。传统的支持系统主要是指教师和同伴对学习者学习的指导与帮助，以及工具书对学习者学习的帮助等。信息化教学资源的支持系统主要指现代媒体和学习工具对教与学过程的参与，以及海量的网络信息对学习内容的补充等。

教学环境不只是指教学过程发生的地点，更重要的是指学习者与教学材料、支持系统之间在进行交流的过程中所形成的氛围，传统的教学环境以教室为主，以课堂教学作为主要的教学形式。信息化教学环境以信息技术的应用为特征，包括校园网、多媒体教室、电子网络教室、电子阅览室、语音实验室、网络教学平台等，教师可以利用多样化的教学环境开展课堂教学，组织学生协作学习、探究学习，指导学生自主学习。

（三）教学模式的差异性

教学模式是依据教学思想和教学规律而形成的在教学过程中比较稳固的教学程序及方法的策略体系。它包括教学过程中诸要素的组合方式、教学程序及其相应的策略等。传统教学模式与信息化教学模式的差异见表1-3。

表1-3 传统教学模式和信息化教学模式的差异

项目＼教学手段	传统教学模式	信息化教学模式
教师的地位	知识的灌输者	学习的指导者、帮助者
学生的地位	被动接受知识	主动构建知识
媒体的作用	教师向学生传授知识的工具	教师教的工具、学生学的工具以及交互工具
教学内容的主要来源	课本、教材	课本、教材、网络资源

在传统教学模式中，教师是知识的主动施教者，学生是被动接受的对象，媒体是辅助教师向学生传授知识的工具，作为认知主体的学生在整个教学过程中处于被动的地位，扼杀了学生的主动精神和创新能力的培养和发挥。这种模式的优点是有利于教师主导作用的发挥，有利于教师对课堂教学的组织、管理与控制；但它存在一个很大的缺陷，就是忽略学生的主动性、创造性，不能很好地体现学生的认知主体作用。不难想象，作为认知主体的学生如果在整个教学过程中处于比较被动的地位，肯定难以达到比较理想的教学效果，更难以培养出创造型人才。

随着现代信息技术在教育领域的应用，特别是网络教学的广泛应用，师生都处于一个信息来源极为丰富和多样的环境中，两者获得信息的机会几乎是均等的，教师不再以信息的传播者或组织良好知识体系的呈现者出现，而应由原来处于中心地位的知识权威转变为学生学习的指导者和合作伙伴。学生的学习不应该是被动接受信息刺激的过程，而是主动构建知识意义的过程。这需要学习者根据自己的知识背景，对外部信息进行主动选择、加工和处理，从而获得知识的意义。因此，信息化教学模式是根据现代教学环境中信息的传递方式和学生对知识信息加工的心理过程，充分利用现代教育技术手段（主要指多媒体计算机、教学网络、校园网和互联网）的支持，调动尽可能多的教学媒体、信息资源，构建一个良好的学习环境，在教师的组织和指导下，充分发挥学生的主动性、积极性、创造性，使学生能够真正成为知识信息的主动建构者，从而达到良好的教学效果。在这种模式下，教师成为课堂教学的组织者、指导者，学生建构意义的帮助者、促进者，而不是知识的灌输者和课堂的主宰者。

总之，知识不能通过教师简单地传递给学生，需要学生自己与学习环境进行交互从而完成知识建构，这种建构无法由他人替代。教学不是知识的传递而是知识的处理和转换，教学由向学生传递知识转变为发展学生的能力，培养学生的主体意识、主体性、个性、创造性和实践能力，在教学过程中应关注动机的激发和维持，以及提供学生自主学习的工具性支持。

第二节 信息化教学的要素与特征

在传统的教学理论研究中，将教育者、学习者、教学内容三者作为教学系统的基本构成要素，称为教学系统的"三要素"。

传统教学系统的三要素是相互影响、相互作用的。学生是学习的主体，所有的教学内容都是围绕学生这一主体而组织安排的。学生是教学活动的出发点，也是教学活动的落脚点；教学内容是教学活动赖以发生的基础，是学生学习的主要对象、教师教学的主要内容；教学活动是通过教师来实现的，教师在教学活动中起主导作用，在教学过程中发挥主动性来调整学生的学习活动和教学内容，使教学达到最优化的程度。然而，教师的主导作用是否产生好的教学效果，还要通过学生这个要素来检验。由此可以看出，在传统教学中，各个要素之间相互作用，从而形成了教学系统。

随着信息技术的迅速发展，媒体在现代教育教学活动中起着越来越大的作用。媒体要素的介入，引发了教学内容传递形式、表达形式的变化，引发了教学方式革命性的变化，媒体成为信息化教学系统的重要构成要素之一。教师、学习者、教学内容、媒体构成了信息化教学系统的四个核心要素，它们在一定的教学环境中相互作用而产生一定的教学效果。

信息化教学系统是以信息技术的应用为核心的教学系统，与传统的教学系统相比，信息化教学系统的特征是现代教育媒体的介入，教师、学习者和教学内容三个要素与媒体之间相互作用，具有信息化的特征。

一、信息化教学的要素

（一）信息化教学中的媒体

信息化教学过程中的媒体主要指现代教学媒体，现代教学媒体是近一个世纪以来利用科技成果发展起来并被引入教学领域的电子传播媒体，主要包括幻灯片、投影、录音、录像、电视、计算机等教学媒体，以及由它们组合成的教学媒体系统，如：语言实验室、多媒体综合教室、计算机网络教室、视听阅览室、微格教学训练系统、闭路电视系统、校园计算机网络系统等。

从电化教育走向信息化教育，媒体观在不断地变化。媒体观是指人们对媒体总的认识和看法，也是对媒体本质及其价值的根本看法和态度。在不同的发展阶段，对媒体关注的视角和态度的不同导致我们对媒体的认识和看法不同。在电化教育阶段，教学媒体在传统课堂教学中主要是传递教学信息，以生动形象的方式展示教学中的重点、难点内容，解决传统教学手段难以解决的问题。在信息化教育的初期，行为主义学习理论作为主要的理论支撑，电视、录音、计算机辅助教学系统等教学媒体进入教学，这一阶段人们利用计算机进行教学，将教学媒体视为教师的教学工具、学生的认知工具和学习工具。随着多媒体计算机、校园网、互联网等进入教学，建构主义学习理论作为主要的指导理论，人们将教学媒体看作教育教学发生的物质基础和平台，媒体技术为学生和教师提供了一个数字化教学环境。

（二）信息化教学中的教师

在传统的教学过程中，教师处于主导地位，主要工作是收集、处理、传送信息，对学生进行教育，实现教育目标。现代教育理念的不断更新，促使教师转变了教学观念，现代信息技术的发展以及现代教育媒体在教学中的应用使得教师的角色发生了变化。信息时代对教师提出了新的挑战，要求教师具备在信息化教学环境中开展教学的能力。

1. 掌握现代教学理念

信息化教学中的教师要明确现代教学理念，掌握信息化教学的基本理论和方法，以更好地改善教学，提高教学效率。

现代教学理念是指在建构主义、人本主义等理论指导下的现代教育教学思想和观念，主要包括：指导学生主动建构知识；促进师生之间、生生之间的交往以及社会关系的交往；重视学生的主体性；在信息化教学过程中重视活动的重要性等。

2. 具备信息化教学能力

信息化教学能力是指教师在现代教学理念的指导下，利用现代信息技术和丰富的教育资源，运用多种信息化教学方法开展教学活动，解决教学问题，优化教学过程的能力。信息化教学能力是教师在信息化教学中所应具备的最重要的能力之一，是教师有效地利用信息技术开展教学的能力，信息化教学能力主要包括良好的信息素养和信息化教学设计能力。

（1）信息素养

教师的信息素养主要包括信息意识、信息知识、信息能力和信息道德，教师首先应当具有敏锐的信息意识，要对"信息""教育信息化""信息社会"等概念和内涵有一个基本正确的理解，只有很好地理解这些概念，才能更好地开展信息化教学；其次，要具备一定的信息知识，知道与信息技术、信息化教学相关的理论、知识和方法；再次，教师要具备信息能力，即利用信息技术开展教学的能力，包括资源的获取、利用、加工、评价、创新的能力，同时还包括常用教学软件的使用、简单课件的制作，如：演示文稿的制作、文字处理、网页制作等能力。此外，教师还应当具备良好的信息道德，具有一定的信息安全意识。

（2）信息化教学设计能力

教师应当明确信息化教学设计的内涵，知道信息化教学设计的特点，理解信息化教学设计的原则，掌握信息化教学设计的方法。通过信息化教学设计，教师将信息技术、信息资源和课程内容有机整合，构建新型的教学方式，在信息化教学环境的支持下，组织学生自主学习以及应用网络交互工具开展互动交流，培养学生主动学习的能力与创新学习的能力。

3. 集多种角色、多重身份于一体

信息化教学过程中的教师由传统的课本知识传授者转变成教学内容的设计者、学习者学习的指导者、学习活动的组织者与参与者。同时，教师不仅可以作为学生的导师，还可以成为学生生活中的朋友、学习过程中的同伴等。

（三）信息化教学中的学习者

当前，以学习者为主体的教育思想已成为教育教学的主导思想，在信息化教学过程中，学习者是教学活动的对象，是学习的主体，教师的一切教学活动都是围绕学生来开展的，没有学习者就不存在教学活动，因此，学习者是教学活动的根本要素。信息化教学环境为学习者提供了丰富的网络信息资源和灵活的学习平台，使学习者的学习方式和学习行为发生了变化。信息技术为学习者的学习带来更多便利的同时，也对学习者提出了更高的要求。

1. 学习方式多样化

信息技术的出现，使得学习者的学习行为和学习方式发生了变化，学习者不仅要在课堂中接受教师的讲授、指导，还可以通过现代教育媒体获取更多的教学信息资源。学习者的学习由被动地简单接受和吸收，转变为积极主动的意义建构。在信息技术和现代教育媒体的支持下，学习者的学习方式逐渐由接受式的学习转向自主学习、合作学习、探究学习等信息化学习方式。

2. 较高的信息素养

在信息化教学中，学习者要具备较高的信息素养，能够从大量的信息资源中找寻所需的信息，并对信息进行加工、整理、保存；能够使用常用的软件进行学习并与他人交流；学会有效地反省、评价和监督自己的学习过程。

3. 集多种能力于一身

信息时代的学习者要具备自主学习的能力，要能够自己确定学习目标、选择学习方法、监控学习过程、评价学习结果。自主学习能力包括：①确定学习内容的能力；②获取有关信息与资料的能力（知道从何处获取以及如何去获取所需的信息与资料）；③利用、评价有关信息与资料的能力。

同时，学习者要学会与他人共事，具备合作与协作的能力，将自身的学习行为有机融合到小组或团队的集体学习活动之中，树立团队精神和集体观念。

信息化教学要求学习者具有创新精神和创造能力。创造能力是信息化时代人才所具备的最重要的能力之一。创造能力是指能够积极主动地、创造性地发现新问题，提出新见解的一种认知能力，创造能力能够使学习者在学习过程中突破已有的思维定式，提出新的见解，独立解决自己过去从未遇到的问题，或者是将学到的知识正确地运用到全新的情景中去。

（四）信息化教学中的教学内容

教学内容是指教学过程中师生之间传递、学习的知识、方法和技能等内容。现代信息技术的出现和现代教育媒体在教学中的应用，使得教学内容具有新的特征，主要表现在以下几个方面：

1. 表现形态多媒体化

可以用文本、图形、图表、声音、动画、视频以及模拟三维景象等形式来呈现教学内容，利用多媒体方式呈现的教学内容能够将抽象的知识形象生动地表现出来，使学习者能够更好地掌握知识，从而提高教学效率。

2. 处理数字化

将文本、声音、图形、图像、动画、视频等教学内容信息由模拟信号转换成数字信号，其可靠性更高，更容易存储与处理。

3. 传输网络化

信息化的教学内容可以通过网络实现远距离传输，学习者可以在任何一台能够上网的计算机上获取自己所需的信息。

4. 超媒体线性组织

信息化教学内容采用超媒体技术构建，支持文本、音频、视频、图形、图像、动画等多媒体信息，并采用网状结构非线性地组织、管理信息的超文本方式，对教学信息进行有效的组织，适合人脑的认知思维方式，也有利于有效地组织教学信息，促进知识的迁移。

5. 综合化

信息化社会知识呈现高度的综合化，信息时代需要具备各方面知识的"全才"。在信息化社会中，学生学习的内容不仅仅局限于某一门独立的学科，特别是随着网络时代的到来，学生的学习和生活中出现了许多新的课题，这些课题不是仅靠某一门或几门学科的知识就能够完成的，而是需要学生把所有学科的知识整合起来并运用到学习之中，才能够很好地解决问题，这与信息化社会要求人才具有多方面的知识这一特征是紧密联系的。

信息化教学系统的四要素之间存在着错综复杂的关系，各个要素之间不同的结合方式会产生不同类型的教学系统。

二、信息化教学的特征

信息化教学的特征，可以从技术层面和教育层面两方面加以考察。

首先，从技术层面上看，信息化教学的基本特点是数字化、网络化、智能化和多媒体化。数字化使得信息化教学系统的设备简单、性能可靠、标准统一；网络化使得信息资源可共享、活动时空少限制、人际合作易实现；智能化使得系统能够做到教学行为人性化、人机通信自然化、繁杂任务代理化；多媒体化使得媒体设备一体化、信息表征多元化、复杂现象虚拟化。

其次，从教育层面上看，信息化教学的基本特征是开放性、共享性、交互性与协作性。开放性使得教育社会化、终身化，学习生活化、自主化。可以预见在未来的若干年内，教育将从学校走向家庭、社区、乡村，走向信息技术普及的任何地方。学习将不再受时空和地域的限制，学习者可以在任何时间通过互联网，根据自己的需求、知识背景、个人喜好、学习风格来选择学习内容、学习方式、学习进度，设计解决问题的方案，开展学习活动。共享性是信息化的本质特征，它为教育教学提供了丰富的教学资源，大量的数据文件、档案资料、软件程序等形成了一个高度综合、集成的资源库。交互性使得学习者可以向教师提问，可以与其他学习者交流，可以围绕当前或当时的学习主题相互讨论，形成各自的判断，表达自己对问题的理解，交流各自解决问题的不同思路，相互分享解决问题的过程和成果，甚至于相互答疑、分析和评价。协作性使教育者有更多的与他人协作和研讨的时间和空间，使学习者通过网上合作（利用计算机合作）、小组合作（在计算机面前合作）、与计算机合作（计算机扮演同学角色）等多种合作方式，来增加与他人合作的机会。

三、信息化教学环境支持下的教学结构

随着信息技术的发展与进一步深化，教学活动的各个要素都发生了变化，教学环境也发生了重大改变，从课堂空间发展到网络空间，同时具有数字化、网络化、多媒体化等特征。不同类型的教学环境具有不同的特征，对信息化教学起不同程度的支持作用，依据信息化教学环境的不同以及对信息化教学的支撑程度，可以将信息化教学结构划分为不同的类型。

（一）信息化教学环境的类型

教学环境是指在教与学的过程中教学活动赖以持续的情况和条件的总和，其中"条件"既包括物质条件也包括非物质条件。信息化教学环境是信息技术支持下的教学环境，是指在信息化教学过程中教学活动赖以持续的情况和条件的总和。信息化教学环境分为教学授递环境、信息资源环境和集成化资源环境三大类。

1. 教学授递环境

教学授递环境是指由各种信息传播媒体及配套软件组成的媒体化教学环境，外在形态上表现为媒体设备，主要包括多媒体教室、多媒体网络教室等。

（1）多媒体教室

多媒体教室是目前各大中小学校课堂教学普遍使用的一种教学环境，它主要包括黑板（白板）、模型、书本等传统教学媒体以及大屏幕投影仪、投影屏幕、多媒体计算机、录像机、录音机、扩音器、话筒、调音台、实物视频展台等媒体设备。除此之外，每一个多媒体教室还配有灯光、窗帘等辅助设备。

多媒体教室中的座位根据教学方式和学习方式的不同而摆放成不同的格局，如果是以教师的教授为主的教学方式，座位通常摆放为正常教室的布局；如果要开展协作学习和交流讨论，座位会摆成圆环形、马蹄形、蝴蝶形、餐桌形等形状。

多媒体教室的主要设备连接图像与声音两个系统，图像系统共用一个数据视频大屏幕投影机，多媒体计算机文字与图像的数据信号可直接输入。录像机、实物视频展示台等视频信号通过切换器后也可以分别输入，能显示面积大而清晰度高的图像。声音系统是将所有音频信号通过调音台再输入一个功率放大器，输出保真度高的声音。为了方便对教室内各种媒体设备和设施（如：银幕、灯光、窗帘等）的操作与控制，把操作与控制的功能键

集中放置于讲台的一块面板上，通过集成控制系统来实施，这使得教师能够方便地使用各种设备。同时，多媒体教室的计算机都与网络连接，能够实现多样化的教学，为各种信息化教学方式的开展提供了支撑。

这类教室是一种典型的传递—接受式闭合型教学系统，师生之间存在双向交流，多媒体设备主要起演示教学内容的作用，利用音视频多媒体的优势，以丰富的多媒体信息刺激学生的各种感官，突破教学重点、难点，从而优化教学过程，提高教学质量与效率。而且由于其结构相对简单，便于教师操作，维护比较容易，价格相对低廉，是目前最为常见的信息化教学系统。教室中的媒体设备主要是由教师使用，媒体主要起辅助教师教学的作用，虽然有时也可以用来展示学生的作品，教师仍然是课堂的控制者，学生仍然被动地接受信息。这类教室多用于以教为主的教学，也可用于学术报告活动和观摩示范课。

（2）多媒体网络教室

多媒体网络教室主要由与网络连接的多媒体计算机和其他多媒体设备（如：投影仪、扩音设备等）组成。多媒体计算机由网卡、网线、集线器、网络操作系统等网络硬件形成一个小型的局域网。

这类教室除了具备多媒体教室的功能之外，教师机和学生机、学生机和学生机之间还可以通过网络交换信息，包括音视频等多媒体数据。教师可以通过教师机进行广播教学，利用电子白板功能进行要点讲解，监控学生机操作等。学生可以利用计算机进行电子举手。

与多媒体教室相似，多媒体网络教室中学生的座位可以有多种多样的布局，教师可以根据教学方式的不同来调整学生的座位。所不同的是，多媒体教室一般没有学生机或者每组只有一台学生机，而多媒体网络教室则是每个学生都有一台学生机。

多媒体网络教室的解决方案主要有三种：纯硬件多媒体教学网，纯软件多媒体教学网，软硬结合多媒体教学网。就纯硬件多媒体而言，教师操作简单，信息通过专用多媒体高速线缆传输到工作站，传输速度快，性能稳定，音频视频流畅性好；纯软件多媒体网络教室基于网络操作系统来实现音视频传输，能够充分发挥计算机网络技术和多媒体技术的优势。

多媒体网络教室的功能主要包括视听教学功能、实时监控功能、分组管理功能、交互辅导功能等。这类信息化教学系统彻底改变了以往教学中黑板加粉笔的状况，大量多媒体教学信息得以方便地展示给学生，可以轻松实现集体授课、协作学习、个别辅导、探究学习等多种教学方式，学生在各种教学方式下都可以很方便地同教师进行沟通、交流，及时得到教师的帮助和指导。多媒体网络教室中的监控功能有利于发挥教师在课堂中的主导作用，让教师实时监控学生的学习行为，及时发现学生在学习过程中的问题，能够有效地保证教学效率，适合基础教育的课堂教学，这类教室只有和互联网结合之后才能开展更广范围的协作、探究式学习。

2. 信息资源环境

信息资源环境是指那些以提供信息服务为主的系统，外在形态上多表现为软件工具。主要包括学习资源中心、电子阅览室、电子化图书馆以及互联网上的各种信息系统。

互联网信息资源已逐渐成为人们获取教育信息资源的最重要的来源，可将网络教育信息资源分为电子书籍、电子期刊、数据库、虚拟图书馆、电子百科、教育网站、虚拟软件库和电子论坛八大类。对于这类资源我们通常使用两种方式进行查找：一种是对既定目标的查找，可以用浏览器导航的方式进行查找；另一种是对于没有既定目标的内容的查找，通常是借助搜索工具获得相关的信息线索。

3. 集成化资源环境

随着计算机网络在教育应用中的发展，出现了学习资源向集成化方向发展的趋势，各类学习材料和环境，包括媒体设备类的、软件工具类的，统统都包括在一个系统中，我们将其称为集成化资源环境，如：交互性学习环境、学校内联网、互联网、在线教育系统等。

不同类型的教学资源环境有不同的功能与特点，对信息化教学提供了不同的支持，我们可以依据信息化教学环境的类型，对信息化教学的结构进行分类。

（二）信息化教学环境支持下的教学结构类型

现代教学系统是由教师、学生、教学内容和媒体四个要素构成的，各要素之间相互联系、相互作用，形成教学活动进程的稳定结构。当前教育界主要有三大类教学结构，即以教为中心的教学结构、以学为中心的教学结构和教师为主导、学生为主体的教学结构。各个教学要素在不同的教学结构中扮演不同的角色，发挥不同的作用。

以教为中心的教学结构是指以教师的教为教学出发点，教师对教学活动进行设计、组织，将知识传递给学生，学生只是被动地接受知识。教学媒体是辅助教师教的演示工具，教材作为教学的基础，是学生知识的主要来源。

以学为中心的教学结构是指以学生的学为教学出发点，学生主动对知识进行建构，是信息加工的主体，教师只是教学的组织者、指导者，是学生建构意义的帮助者、促进者，教学媒体主要作为学生的学习工具，教材不再是学生唯一的知识来源，学生通过自主探究学习能够获取更多的信息和资源。

教师为主导—学生为主体的教学结构是指在教学过程中既要发挥教师的主导作用，也要充分体现学生的主体作用。教师根据学生的特点为其选择、设计特定的教学内容、教学媒体和交互方式；学生在教师的帮助下，对教师设计的学习资源进行主动的意义建构；教学媒体既是教师的教学工具，也是促进学生自主学习的认知工具。教材不是唯一的教学内容，通过教师指导、自主学习与协作探究，学生可以从教师、同学、专家等多种学习对象和多种教学资源获得知识。将信息化教学资源环境支持下的教学结构类型分为三种：

1. 教学授递环境支持下的信息化教学

教学授递环境的主要功能是：①为教学系统的构成要素（教师，学生，教学内容）提供沟通渠道；②呈现媒体教材中所包含的教学信息；③为使用者提供对媒体进行有效控制的界面。

教学授递环境为以教为中心的教学提供了有效的支持，教师作为教学的主体，可以借助教学授递环境提供的媒体设备向学习者传授知识，利用多种媒体呈现教学内容，刺激学生的感官，激发学生的学习兴趣；现代教学媒体承载并传递教学信息，教师运用多媒体技术将抽象的教学内容形象化、具体化，丰富了教学信息的表现形式，激发了学生学习的积极性和主动性。

互联网作为新型的教学授递环境，为以教为主的教学提供了教学环境和教学平台，它可以支持各种类型的教学传播，从个人、小组、群体到众体，并且它的传播功能可以突破时间和空间的限制。教师利用各种教学软件和丰富的网络资源设计多媒体呈现的生动形象的教学课件，丰富了教学内容，改变了单一媒体呈现教学内容的方式；网络资源和教学软件则用于辅助教师的讲解和演示。

2. 信息资源环境支持下的信息化教学

信息资源环境主要表现为软件工具，其特点是拥有大量的信息资源并提供自由访问，它为以学为中心的教学提供了有效的支持。教师作为教学的组织者、指导者，根据学生的特点组织教学内容、设计教学活动，利用教学媒体和大量的教学资源创设情境，引导学生主动探究，帮助并促进学生对知识进行意义建构；学生作为教学的主体，他们利用教学媒体，在大量信息资源的支撑下开展自主学习、协作学习和探究学习；教材不再是学生知识的主要来源，信息资源环境提供的自由的访问，能够促使学生从各类信息系统中获得大量的知识。

3. 集成化资源环境支持下的信息化教学

集成化资源环境集各种媒体设备、软件工具于一体，包括各种学习材料和环境，这样的环境不仅能够很好地支持教师的教学活动，同时也能够为学习者的学习提供技术、资源等方面的有效的支持。在这种资源环境中，教师利用各类软件工具组织教学内容，根据学生的特点，设计特定的教学活动、选择适当的教学媒体和交流方式，利用各种媒体设备开展教学，教师成为教学内容的设计者、教学活动的组织者和学生学习的指导者；学生在教师的指导下，在教师精心设计的教学活动中主动建构知识，在大量教学资源的支撑下开展自主学习、协作学习、探究学习；教学媒体既作为辅助教师教学的演示工具，作为促进学生自主学习、探究学习的认知工具和促进学生协作学习的协作工具。除此之外，教学内容的种类更加多样化，知识更新的速度越来越快，为教学活动的开展提供了更新的、更全的信息资源，使教学更加具有信息化时代的特征。

第三节　信息化教学的基本原则

教学原则是在教学活动中必须遵循的基本教学行为规范。教学原则是根据教育目的和对教学过程客观规律的认识确定的，它既能够指导教师的教，也能够指导学生的学。

教学原则是以一定的哲学观点和某些相关的科学理论为指导，是对于教学实践经验的概括和总结。传统教学要遵循一定的教学原则，信息化教学同样也要遵循一定的教学原则，在教学原则的指导下更加有效地开展教学活动，与传统教学不同的是，信息化教学的原则具有信息时代的特征信息化教学主要遵循以下教学原则：

一、整合性原则

信息化教学是将信息技术、信息资源、人力资源、课程内容等一系列要素整合在一个系统中，有机地将各种要素结合起来共同完成教学任务的一种教学方式。因此，整合性原则是信息化教学的首要原则。在信息化教学过程中，应当将信息技术有效地融入各类教学中，将教学系统中的各个要素和各类教学资源有效地整合在一起，将各种理论、方法、教学媒体很好地结合起来，在整个教学过程中协调各要素之间的关系，发挥系统的整体优势，以提高教学效率。

二、直观性原则

学生认识活动的特点是以学习间接经验为主，但是获得间接经验要以直接经验为基础。学生特别是少年儿童以形象思维为主，要使信息化教学符合学生的心理特征，有效地提高学生的学习兴趣和积极性，在教学过程中就应当遵循直观性原则。

直观性原则是指在信息化教学环境中为学习者创设一定的情境，提供丰富的多媒体资源，同时，通过教师给予指导、形象描述知识等教学活动来促使学生积极观察、主动探究，使学生对所学事物、过程形成清晰的表象，从而丰富感性知识，主动构建知识的意义，最终正确地理解所学知识并发展认知能力。

信息化教学环境集多种媒体资源、各类教学设备、各种支持系统于一体，能够为直观性原则的贯彻提供多样化的教学资源、丰富的教学功能以及各类教学支持。

三、参与性原则

信息化教学要求改变以往学生被动接受知识的学习方式，转变为主动的、探究式、合作式的多样化学习方式，这一变化使得信息化教学具有参与性的特征。

参与性原则是指学生在教师的指导下积极参与教学活动，通过这种参与唤起学生的主体意识，发挥学生的主体作用，发掘学生的学习潜能，培养学生的学习能力，增强学生学习的责任感与合作精神，从而能够有效提高教学质量，更好地完成教学任务。

在信息化教学过程中，学生成为教学活动全过程的自觉的、能动的参与者，成为知识的主动探索者与发现者，成为自己主体建构与发展的主宰者，并在每次参与过程中实现其主动性、能动性与创造性的发展。因此，在信息化教学中我们应当借助多媒体手段、丰富的教学资源来调动学生的积极性，使学生以不同的方式参与到教学过程中。

四、启发创造原则

信息化教学中的启发创造原则，是指教师利用先进的教育理念，在信息化环境的支持下采用多样化的方式支持学生的学习，并且在教学中最大限度地调动学生学习的积极性和自觉性，激发他们的创造性思维，从而使学生在融会贯通地掌握知识的同时，充分发展自己的创造性能力与创造性人格。

启发创造原则是在现代教育理念指导下教学与发展相互影响和相互促进规律的反映。信息化教学不仅要求教师向学生传授知识、技能和技巧，而且要求教学能够促进学生主动对知识进行意义建构，同时促进学生情感、态度、价值观的发展。教学与发展是相互依赖、相互促进的。教师在教学中要将学生视为学习的主体，设计多样化的教学活动，利用多媒体手段启发学生积极思考，促使他们自己提出问题、分析问题和解决问题。

启发创造原则，还是信息化教学受制于信息化社会需要这一规律的具体体现。信息化社会发展的趋势，要求学校教育教学必须培养学生的信息素养、革新精神和创造能力。只有这样，学校所培养的人才才能适应未来瞬息万变的社会要求，才能以新的思维方式去捕获新的有价值的信息，也才能在未来的工作中敢想、敢干，为社会创造财富。目前，通过信息化教学发展学生的创造性思维，培养创造型人才已经成为世界各国教学改革的重心。

五、教师主导作用与学生主体作用相结合的原则

建构主义的学习理论要求学生主动建构知识，教师要成为学生建构意义的促进者，它强调学生的主体地位与教师的主导地位、学生的主体性在教学过程中具体表现为自主性、主动性和创造性。教师主导作用与学生主体作用相结合原则，是指在信息化教学过程中教师既要充分发挥自身的主导作用，又要充分调动学生的积极性与主动性，正确处理教与学的关系，把教师与学生的积极性都调动起来。

该原则在信息化教学中的运用，应充分体现在强调学生是学习的主体，强调学生主体在教学中的积极作用上。这是因为，学生的学习是一种自觉的、能动的活动。也就是说，学生要把教师提供的一切认识材料转化为自己的东西，就必须通过积极、自觉的思维去接受、理解、消化和运用。教师的主导作用和学生的主体作用，是相互协调、相互促进、互为条件的两个方面。二者应该紧密结合、协同活动，才能积极地发展学生的个性，提高教学效益。

六、教学最优化原则

教学最优化原则，是指在现代教育理念的指导下，在信息化教学过程中，通过对教学系统中的各个要素进行系统化设计，使得各要素优化组合，能够进行最优的教学，取得最优的教学效果。

教学最优化原则，主要是依据教学效果取决于教学诸因素构成的合力这一规律提出来的，信息化教学中的要素主要是指教师、学生、媒体和教学内容。教学最优化的标准是指在一定条件下，既能够取得最大可能的教育教学效果，而师生又只花费最少的必要时间。在信息化教学中，教师要设计多样化的教学活动和学习活动，将教学的各要素优化组合，使得每一个要素都发挥最大的效益，既达到教学的目标，又提高教学的效率。

第四节　信息化教学的目标、层次与途径

信息化教学的目标是改变传统的教学结构，即改变以教师为中心的教学结构，倡导以学生为主体、教师为主导相结合的教学结构。这就要求在信息化教学实践中，要以先进的教育思想、教学理论为指导，注意运用"学教并重"的教学原则，高度重视各学科的教学资源建设，特别要加强对建构主义理论的研究和实践。建构主义学习理论认为，学生是认知的主体，是知识意义的主动建构者，教师应对学生的知识意义建构起帮助和促进作用。

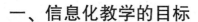

一、信息化教学的目标

（一）培养学生掌握信息时代的学习方式

在信息化学习环境中，人们的学习方式发生了重要的变化：学生的学习不再单一依赖于教师的讲授与课本上的知识，而更多的是通过信息化平台和数字化资源来获取相关的知识。借助信息技术，教师、学生之间开展协商讨论、合作学习，并通过对资源的收集利用，以探究知识、发现知识、创造知识、展示知识的方式进行学习。信息技术时代，要求学生掌握新的学习方式：①会利用资源进行学习；②学会在数字化情境中进行自主发现的学习；③学会利用网络通信工具进行协商交流、合作讨论式的学习；④学会利用信息加工工具和创作平台，进行实践创造的学习。

（二）培养学生具有良好的信息素养

教育信息化改变了学生的学习方式，但只有学生具备良好的信息素养，才能够更好地适应信息时代的学习方式，才能够理解信息带来的知识并内化到自己的知识结构中。信息化教学正是培养学生形成所有这些必备技能和素养的有效途径。有研究者认为信息素养包括三个方面的内容：①信息技术的应用技能；②批判与理解信息内容的能力；③运用信息与融入信息社会的态度与能力。

（三）培养学生具有终身学习的态度和能力

学习资源的共享，互联网络支持，实现了人们随时随地教学的梦想，学习空间突破了学校围墙的限制。教育信息化还为人们从接受学校教育向终身学习的转变提供了机遇和条件。终身学习就是要求学生能根据社会生活、工作的需求，确定继续学习的目标，并有意识地自我规划、自我管理、自主努力，通过多种途径实现学习目标的过程，要实现终身教育和终身学习，教育必须进行深刻的变革。信息化教学为实现终身学习提供了可能。信息化教学强调教学要实现个性化、自主化、作业协同化，要把培养学生学会学习，培养学生具有终身学习的态度和能力作为学习的目标。

二、信息化教学的层次

在信息化教学过程中，根据学生不同的参与程度对信息技术的特征和功能的不同要求，可将信息化教学细化为三大阶段五大层次，并对每个层次的教学策略、学生的学习方式、教师的角色、学生的角色、教学评价方式、信息技术在不同层次的作用以及硬件要求进行比较。

（一）阶段一：以知识为中心的信息化教学

大多数教学都属于以知识为中心的信息化教学阶段：所有的教学都严格按照教学大纲的要求，以教科书为主要教学资源，按照教科书的安排和课时的要求设计所有教学活动。以知识为中心的信息化教学主要表现在信息技术作为学科教学的演示工具，这是信息化教学的最低层次，也是目前大多数基础教育停留的层次。信息技术作为教学的演示工具主要体现在教师使用的计算机辅助教学软件或多媒体素材库，如：利用PPT课件授课，清楚讲解学科知识，或用图表、动画等展示动态的变化过程等；甚至在课堂知识点较多的情况下，信息技术的演示作用发挥得更加彻底，如：通过快速地播放课件，采用"满堂灌"的形式，力保不超时或超时不多的情况下完成课程内容。这样的信息化教学方式，计算机代替了幻灯、粉笔、黑板等传统工具，实现了它们无法实现的教育功能。但是，如果信息技术的使用达不到幻灯、录像的教学效果，或者只是简单地代替了幻灯、录像等媒体，那么，信息技术的使用则成为教学的一种装饰或点缀，毫无意义。

这样的信息化教学方式虽然采用电子课件或其他的辅导软件，但整个教学思想都在以知识为中心的指导下进行，教学目标、教学内容、教学形式及教学组织都和传统课堂教学没有什么区别，整个教学过程仍以教师的讲授为主，学生仍然是被灌输的对象。信息技术的引入，一方面减少了教师的工作量，另一方面也减少了教师课堂板书的时间，增大了课堂教学内容的传授量；而对学生的思维与能力的发展，与传统教学方式相比，并没有实质性的进步。此教学层次，信息技术的使用者是教师而不是学生，学生处于听、看的状态。没有实际操作的机会，因此仍属于被动型的学习。

（二）阶段二：以资源为中心的信息化教学

以资源为中心的信息化教学层次，教学观念、教学设计的指导思想，教师与学生的角色等均发生了较大的变化。教学设计从以知识为中心转变为以资源为中心、以学生为中心，教育者日益重视学生对所学知识的意义建构。信息技术的使用为教学提供了广泛的资源，也为课堂的交流、反馈提供了平台。学生真正成为学习的主体，教师成为学生学习的指导者、活动的设计者。此阶段的信息化教学可分为两个层次，分别是信息技术提供资源环境和信息技术促进交流评价与教学反馈。

1. 信息技术提供资源环境

随着网络技术的飞速发展，学生可利用的有效资源不仅来自教师和教科书，而且更多来自互联网。但是，面对浩如烟海的网络资源，如何在广袤的信息海洋中快速、准确地找到所需的资源，如何迅速地判断资源的价值并对其进行取舍，如何合理地将资源重新组合为己所用，这些都关系到学生完成教学目标的质量。

在此层次，主要培养学生获取信息、分析信息的能力，让学生在对大量信息进行筛选的过程中，实现对事物多层面的了解。教师可以在课前将所需的资源整理好，以文件的形式发给每名学生，或是以文件夹共享、FTP 服务器等形式，让学生通过接收或是访问文件夹等进行信息的选择；也可以为学生提供适合的参考信息，如：网址、搜索引擎等，让学生自己借助互联网或资源库收集相关信息。实践证明，后者比前者更能培养学生获取信息、分析信息的能力。

用信息技术提供资源环境，就是要突破书本是知识主要来源的限制，用各种相关资源来丰富封闭的、孤立的课堂教学，极大地扩充教学知识量，使学生不局限于课本知识的学习，而是开阔思路，拓宽视野，看到百家思想。该层次是后续层次教学的基础。在信息社会里，只有找到资源，才有可能实现再创作和发明。

2. 信息技术促进交流评价与教学反馈

借助信息技术，提供课堂交流和反馈的平台，主要目的在于通过信息的交流与反馈，重点培养学生信息的加工能力、思维的流畅表达能力以及信息的评价能力，强调学生在快速提取信息的过程中加工、处理、评价、表达信息的能力。该层次必须依赖信息技术提供资源环境，而不能独立存在。因为如果没有可供探索的资源，则无法实现对信息的获取，更不可能有效地实现对信息的评价和反馈。该层次可采用任务式教学策略，尤其适合课堂大讨论、作品评价等方式；当然，也适合学习。如在作品评价中，让学生将自制的作品上传到课程网站（如：BBS、Moodle 等），然后邀请每名学生点击进入，评价学生作品。

在教学过程中，教师要密切注意学生整个信息加工处理的过程，在其遇到困难的时候给予及时的辅导和帮助，以确保信息交流和反馈的有效进行。

（三）阶段三：全方位的信息化教学

以知识和资源为中心的信息化教学在全国较大范围内得到了推广和使用，也取得了很大的成功。但是，这两者均没有使教学内容、教学目标以及教学策略等进行全面的改革和信息化。当教育理论和学习理论得到充分发展和利用时，当信息技术在教学中的应用得到更系统、更科学的探讨和细化时，必然会推动教育发生一次重大的变革，促进教育内容、教学目标、教学组织架构的改革，从而完成整个教学的信息化，将信息技术完美地融合到教育的每一个环节，达到教育信息化的更高目标。

1. 教育内容改革

现有的教育内容普遍呈现如下发展趋势：教材的难度增加，知识的抽象性提高，重视基本理论，强调知识的内在联系。信息技术在教学中的应用，给传统教学内容结构带来了强烈的冲击。根据课程改革的精神以及信息化教学的要求，在课程设计上应该重视学科结构的合理性，教育内容上注重掌握一般的基本原理要着眼于能力，特别是思维能力、创造力的培养，而不是现成知识的传授和一般技术的学习。首先，在教育内容设计上，要拓宽基础知识，而且教育内容要与生产实践相结合，降低学科知识的抽象性，眼于培养学生解决真实问题的能力。其次，教育内容的表现形式也会发生很大变化，由原来的纸质教材发展到光盘与教材相结合，现有教材和电子书的文本性、线性结构形式变为多媒体、超链接结构形式。

教育内容的改革，强调知识的内在联系，学科知识与真实世界相关的内容变得越来越重要，而那些脱离实际的大量抽象知识、简单知识等内容则成为一种冗余和障碍。

2. 教学目标改革

教育内容的一系列改革会对现有的以知识为中心的教学目标产生强烈的冲击，新课程改革要求教学目标的设计应该包括三个方面，分别是知识与技能、过程与方法、情感态度与价值观。三维教学目标显示，知识与技能不再是教学目标的唯一主体，以过程、方法和情感态度为核心的教学目标也将与知识技能目标并重，成为教学目标设计的主体。三维目标并不是三块，而是一个整体。在三维目标的设计中，应该注重培养学生具有以下能力：①信息处理能力，包括信息的获取、组织、操作和评价能力；②问题解决能力；③批判性思维能力；④与他人合作的能力；⑤学习能力。尽管这些教学目标在一定程度上受到重视，但就目前的教学来看，教学目标还需要不断地改革。随着信息化在教学中的深入发展与应用，教学目标的改革将会越来越彻底。

3. 教学组织架构改革

教学组织架构能否彻底改革，真正关系到信息化教学改革的成败。教育内容和目标均强调真实问题和真实问题的解决能力，即强调以真实性问题为学习的核心。这样，就要求教学必须打破传统课堂时间和空间的限制，学生不再局限于坐在教室里听课，而更多以项目或问题等为单位，通过协作学习、小组合作学习等方式对学习的时间、空间和方法进行重新设计和规划。

三、信息化教学的实施策略

（一）创设情境，情感驱动策略

学习总是与一定的社会文化情境相联系的，在信息化教学中，不是将技术简单地应用于教学，而是利用多媒体技术创造数字化的学习环境，创设主动学习的情境，通过将教学任务情境化，使学生置身于提出问题、思考问题、解决问题的动态学习过程中。情境创设的另一目的在于情感驱动，兴趣是最好的老师，它是推动学生学习的内在动力。因此，情境创设除了提供数字化学习环境之外，还在发挥情感驱动功能，使学生积极主动地参与新知识的学习，激发学生自主探索和发现的热情。

（二）选准知识点切入策略

信息化教学中并不是所有的内容都适合利用信息技术来呈现和开展的。信息技术的使用应根据课程内容、目标、资源的实施来进行，关键是找到学科知识与信息技术融合的切入点，尤其是体现在教学重点、难点上。选准知识点，围绕知识的揭示、阐述、展开、归纳、总结等环节，将信息技术有效地切入学科知识点中，发挥信息技术优势，呈现丰富的教学内容，目的在于更好地实施教学，调动学生学习的积极性和主动性，让学生更好地学习。

（三）思维训练为核心策略

思维训练是教学的核心，通过信息技术提供的学习资源，以合适的教学组织形式（如：基于问题的学习、基于项目的学习等组织形式）开展教学，可以最大限度地激发学生思考的热情，有助于加强对学生思维品质、创造性思维的培养，提高学生的创新意识和创新能力。

（四）个别化自主学习和协作学习统一策略

信息化教学为学生的自主学习、协作学习提供了一个良好的环境，教学实践证明，在信息化教学中，要取得最优化的教学效果，就应当把个别化自主学习和协作学习结合起来。

个别化自主学习和协作学习的统一策略，首先要求教师根据教学目标对教材进行分析和处理，从学生的角度出发，决定以什么形式来呈现教学内容；然后可通过任务驱动，让每一名学生或每个小组采用一定的方法、工具来完成相关任务。学生在接受任务后，基于教师提供的有限资源，可利用网络再一次收集和整理信息。该过程可结合任务的复杂程度，开展个别化自主学习和协作学习。这种个别化自主学习与协作学习统一的策略，不但可以培养学生分析信息、加工信息的能力，而且对于发挥学生学习的主动性有很大帮助，也有利于培养团队合作精神。

（五）实践感知策略

有些学科课程的内容，由于受到教学设施、教学器具和教学手段等种种条件的限制，不可能让学生身临其境地领悟学科知识的实质，但可借助信息技术的优势为学生呈现虚拟的学习环境，提供丰富的教学资源，让学生学会在环境中积极主动地构建自己的学习经验体系。运用仿真技术制作的模拟课件可为学生提供各种感官参与的学习氛围，使学生通过各种感官的分工协作来感知事物、领悟概念、探究实质、掌握原理，最终完成知识的建构。

第二章 在线课程与自主学习

第一节　在线课程的内涵与功能

　　网络教育通常以在线课程为依托。在线课程具有跨越时空的开放性，在一定程度上可以使学习者不再局限于课堂这一特定的空间，可以随时随地学习。在线课程的资源更为丰富，它是多点对多点的交互，更强调协作学习，师生之间可以通过多种交互手段进行交流，并通过网络组成一个学习信息网，大大提高了信息的利用率。

一、在线课程的内涵

（一）在线课程

　　课程是指为了达到一定教学目标所需的全部教学内容、教学活动和学习评价。其中，教学内容主要是指教材（文字教材或电子教材）和相关的教学资源；教学活动包括讲课、自学、协商、讨论、实验、辅导、答疑、作业、考试等。在线课程是通过互联网络链接实现课程的功能。在线课程可以分为三代：第一代通过网页给学习者提供教学材料和有关资料，以及与其他有关教育网连接；第二代除了在网上提供学习材料外，还要求学习者通过电子邮件、电子公告栏、网上练习和测试进行异步双向交流；第三代是指除了第一代、第二代外，还要求通过网上交谈室、电话会议、视频会议进行同步双向交流。

　　在线课程是通过网络表现的某门学科的教学内容及实施的教学活动的总和，它包括两个组成部分：按一定的教学目标、教学策略组织起来的教学内容和网络教学支撑环境。其中，网络教学支撑环境特指支持网络教学的软件工具、教学资源及在网络教学平台上实施的教学活动。这是我国教育工作者根据我国的实际情况，对多年实践的高度总结，它也正在指导着我国在线课程开发的实践。

　　首先，在线课程的属性是"课程"，包含"课程"的一切特征，如：教学目标、教学内容、教学活动、教学评价等。其次，在线课程要体现"网络"的属性。在线课程是以互联网作为传播的媒介，通过计算机呈现。因此，计算机多媒体技术应该是在线课程的重要特性，也应充分地体现常用的网络链接、导航、搜索等功能，并充分利用互联网海量的资源，这样才可以体现出在线课程的优势。最后，在线课程应该体现网络教学的特征。网络教学的特征是非面授教育，教与学的双方在时空上是分离的。因此，相应的教学理念、课程的教学设计也必须发生相应的变化。

（二）在线课程与网络课件的区别

课件是指专门为进行教学活动而设计的计算机软件，包括用于控制和进行教育活动的程序、帮助开发维护程序的文档资料，以及帮助教师和学习者使用程序学习的课本和练习册等。网络课件，就是应用于网络环境的课件，是在线课程中按照一定的教学目标、教学策略组织起来的教学内容。

课程与课件的出发点不同，课件是从教学活动出发，课程是从社会需求出发，但它们的教育目标是一致的，都是使学习者的认知结构发生一定的改变。课件把课程中所规定的教学内容、教学活动用软件的方式表现出来，但缺失了很多课程的内涵，如：社会需求分析、课程规划等，而这些缺失在教学中不能显现出来。因此，造成了这两种概念的混淆，有些网校或网络学院就把某些章节、某些知识点的材料作为在线课程了。在线课程是一系列完整的教学内容的网络化，不仅是把内容从课本搬到网络上，更重要的是借助网络的载体作用，增强学生的自主学习，使学生由被动接受到主动探索。

二、在线课程的特征

在线课程应充分发挥网络教学的优势，其学习过程具有开放性、交互性、共享性、协作性和自主性等基本特征。

（一）开放性

在线课程的开放性包括两层含义：教学内容的开放和对所有学习者的开放。首先，在线课程的开放性使教师可以随时更新教学内容和教学信息，也使学习者可以对课程的教学内容和教学资源进行重组和改造。其次，在线课程为学习者提供开放的学习环境，任何人都可以根据自身需要登录课程网站进行学习。

（二）交互性

交互性是指在线课程不仅要有人机交互，更重要的是教师与学生、学生与学生之间要通过网络实现人与人之间的教与学的交互。在传统课堂上师生之间、生生之间的交流大多是面对面的，而在线课程是借助网络这种虚拟空间实施教学，教师和学生无法实现面对面的交流，因此，在线课程中必须提供多种交互工具，如：聊天室、电子白板等同步交流工具和留言簿、论坛等异步交流工具。

（三）共享性

在线课程具有信息资源共享的特点，通过拥有海量资源的互联网，可以将链接扩展到整个互联网上与课程相关的资源，实现全球性的资源共享，使学习者能够最大限度地、全方位地获取所需的信息资源。

（四）协作性

网络实现了时空的跨越，在线课程中，学习者可以不受时空的限制，相互之间能够利用多种工具进行交流研讨、协同创作，教师、学生通过讨论、合作、竞争等形式完成一个个确定的学习任务。

（五）自主性

在线课程的教学是以学生自主学习为主，教师为学生提供教学内容及丰富的学习资源，学生在教师的有效监控指导下开展自主学习。学生在学习过程中具有较大的选择性和自由度，充分体现了学习的个性化特征，而教师则可以通过在线课程中的跟踪系统随时了解学生的学习情况，从而对其做出动态、客观的评价。

三、在线课程的类型

（一）从表现形式上划分

目前，从表现形式上划分，在线课程可以分为多媒体在线课程、流媒体在线课程和综合型在线课程三种基本类型。

多媒体在线课程是运用计算机多媒体技术表现出课程内容的课程形式，一般包含文本、图像、图形、动画、较少的视频和音频等多种媒体信息。其中，文本、图片、动画作为课程内容的主要媒体表现方式，视频和音频由于信息量太大而不会大量使用。

流媒体在线课程是基于流技术，即利用视频和音频技术表现课程内容的课程形式。基于流技术开发的在线课程解决了视频、音频教学内容的网络传输问题，为开展网上学习提供了技术支持。

综合型在线课程是包含利用各种形式来表现课程内容的课程形式，是多媒体在线课程和流媒体在线课程的整合。

（二）从实现方式上划分

在线课程应用在不同的网络教育领域中所对应的类型也不同，从实现方式上划分，在线课程可以分为自主型、导引型和讨论型三种基本类型。

自主型在线课程是指学习者主要通过自主学习的方式学习课程内容的课程形式。在这种在线课程中，教师的任务就是将制作的课程内容、相关资源上传到服务器，而很少参与学生的学习过程；学生通过在线课程进行自主学习，无法在课程中与教师、同学进行交流，课程的功能较为简单。

导引型在线课程是指学习者在教师或相关的教育管理人员的引领下学习课程内容的课程形式。在这类课程中，教师的作用较为重要，教师给学生提供学习指南，适时地指导学生，一步步引导学生学习课程的内容。

讨论型在线课程是指学习者通过与教师、网络学习领域相关专业人员，以及其他学习者之间进行讨论学习课程内容的课程形式。该类课程的开展是以小组协作为基础的，教师在学生学习过程中设置一些任务，然后分小组进行协作探究，并在教师参与下展开讨论，最终完成任务。讨论型在线课程强调学习的协作性、成员的参与性，为此，在线课程中要提供多种交互手段，包括同步交流工具、异步交流工具等。

四、在线课程的功能结构

在线课程的结构从用户角度可以分为教师模块和学生模块，由于教师模块和学生模块有重复的内容，在此按功能将在线课程划分为六个模块。

（一）课程内容模块

课程内容模块是在线课程的核心组成部分，主要是课程教学内容及与之相关的一些辅助信息，学习者通过浏览进行自主学习，包括课程信息和课程资源等组成部分。

1. 课程信息

课程信息是课程的一些说明性信息，具体包括该门课程的简介、说明信息、教学大纲、各教学单元的教学目标和要求、学习任务。学习者通过该模块了解课程的基本情况和要求，为后面的学习做好准备。

2. 课程资源

课程资源是在线课程的主要部分，包括课程的教学内容及相关知识、在线讲义、教学课件、学习资料、资源链接等。学习者通过与课程资源的交互来获取知识、建构自己的知识体系。

（二）学习支持模块

学习支持模块为学生学习提供足够的支持，包括个人记事本、FAQ 问答库、术语词典、作业提交、案例库（学生优秀作品的集合）、素材库、文献库等。

1. 个人记事本

个人记事本就相当于学生的笔记本，当学生在学习过程中遇到问题或需要标注的地方时，可以随时打开记事本记录问题，系统会自动将这些问题保存到数据库中。日后，学生可以打开记事本，浏览或查询自己做过的"笔记"。

2. FAQ 问答库

在设计在线课程时，可以将常见的疑难问题及其答案存放到数据库中，为学生学习提供支持服务。当学生在学习过程中遇到问题时，首先可以查询 FAQ 问答库，问答库支持精确查询和模糊查询，如果在库中检索到该问题或与该问题相关，则会将答案呈现给学生；如果没有检索到该问题，系统则为其提供另一种问题解决策略，就是通过学习交互工具向教师或同伴求助。

3. 术语词典

术语词典提供该门课程及相关的名词术语查询功能。学生在学习课程内容的过程中，可能会遇到一些陌生的、不理解的名词、术语，在制作课程时可以将这些名词术语存储在数据库中，设计一个查询系统供学生查询。

4. 案例库

案例库中存放课程的经典案例，使学生能够通过案例的学习更深入地掌握、巩固所学知识。而且，也可以将学生的优秀作品放入其中，让学生看到自己和其他同伴之间的差距，从而激励自己更加努力学习。

5. 素材库

在线课程中的素材库收录与该门课程相关的素材，包括文本（文章）、图片、动画、声音、视频等，可以拓展学生的思维，或为学生创作提供素材。

6. 文献库

文献资料是指有关教育方面的政策、法规、条例、规章制度，对重大事件的记录、重要文章等。文献库中的文献资料是国家机关发布的相关文件，或具有广泛影响的文章，或重大事件的记录。

7. 搜索引擎

网络时代，网络检索是学生必须掌握的一种学习策略。搜索引擎是一个非常重要的认知工具，它能帮助学生快速找到自己所需的信息资源。在线课程中一般提供两种搜索引擎：内部搜索引擎和外部搜索引擎。内部搜索引擎能够让学生快速检索课程系统内的信息资源；外部搜索引擎是在在线课程中加入常见搜索引擎的链接，如百度等，学生可以直接在课程中的搜索引擎链接检索外部信息。

（三）学习交流模块

学习交流模块是学习者通过与他人的交流和协作来获取知识、建构意义的模块，主要包括主题讨论区、同步交流区、邮件列表、问卷系统等。

1. 主题讨论区

主题讨论区提供一个异步的交流空间，可以通过论坛、留言板两种工具实现。讨论的主题可以由教师设定，也可以由学生自己发起讨论。任何学习者都可以发帖建立自己的讨论主题，也可以采用跟帖的方式对别人的主题发表自己的看法，是一个自由开放的交流环境。当然，教师需要时刻关注并积极参与学生的讨论，而且要把握讨论的方向，确保不让学生的讨论偏离主题。

2. 同步交流区

同步交流区为学习者提供一个实时交流平台，其实现形式有聊天室和共享白板。聊天室有基于文本交谈的文本聊天室、基于音频交互的语音聊天室、基于视频交互的视频聊天室和混合聊天室四种类型。在聊天室中，学生可以和在线专家、教师、同伴进行同步交流讨论。

文本聊天室与一般的文本聊天客户端程序有相同的功能，包括私人交谈和公众交谈两种方式。在私人交谈模式下，教师可以选定一个特定的在同一交流环境中的学生进行文本交流，也可以是一个学生与同环境中的另一个学生之间进行私人交谈。在公众交谈模式下，一个教师或学生输入的文本信息可以被同一交流环境中的其他学生和教师共享。

语音聊天室是异地师生之间一种有效的交流方式。为了达到理想的网上教学效果，在在线课程教学环境中设计支持同步实时语音的功能是十分必要的。如同在传统教室中一样，教师可以用语音授课，教师的语音数据会广播到同一交流环境中的其他学生端。教师可以赋予特定学生发言的权利，获得许可的学生也可以在交流环境中利用语音进行提问、回答或相互讨论。

视频聊天室能够让师生间看到各自的视频图像，增加师生教学过程的生动性。教师可以任意选择特定的学生端视频，也可以同时看到多个学生端的视频图像。学生端可以选择观看教师端视频。为了减少网络的流量，视频聊天室应为一个可选项。

共享白板是一个为在互联网环境进行教学的教师和学生提供文本以及图形共享的区域。教师可以将一张图片贴入共享白板中，并利用系统提供的特定画图工具和文本输入工具，在所贴的图片上进行标记、说明。教师端白板中的图形和文字可以通过互联网同步传递到交流环境中的其他学生端白板中。学生可以同步地查看教师在白板中的板书内容。

3. 邮件列表

邮件列表提供所有教师、学生的 E-mail 地址。师生之间可以通过 E-mail 进行沟通交流。

4. 问卷系统

在学生学习过程中，教师要经常了解学生的学习情况，这通过问卷系统就可以实现。问卷系统提供问卷设计功能、问卷提交功能和问卷统计分析功能。一个学习阶段结束后，教师在系统中设定要调查的问题及选项，让学生在一定的时间内完成问卷，最终系统可以为教师呈现一个全面、清晰的统计分析结果。

（四）学习评价模块

学习评价是指评价者参照一定的标准、运用合理的方法对学习者的学习过程和结果做出定性和定量的评定，以及在此基础上对学习者形成价值判断的过程，包括过程评价和结果评价。

在线课程中的学习评价模块具体包括三种：

1. 作业与评价

作业与评价模块提供作业功能、作业批改功能。当教师通过系统管理模块设定作业后，学生可以通过作业模块在线完成作业或提交作业，教师可以在线批阅学生的作业。

2. 考试与评价

考试与评价模块提供练习、考试、评分功能。当学生完成一个单元的学习后，可以进行自测练习；教师可以从题库中抽取题目组成试卷实施考试；当学生答完试题，提交答案后，系统可以自动完成客观题的判分，并即时将结果反馈给学生；如果有主观题，可以由教师在线批阅后给出分数，学生再进行查询。

3. 学习记录

在线课程教学主要以学生的自主学习为主，而自主学习并非是学生"自己"进行的学习,它是在教师提供的丰富的教学内容及相关资源中进行的,并在教师的有效监控、指导下开展的教学。学习记录为教师把握学生的学习情况提供了有效的支持。在线课程系统可以随时记录学生的学习信息,如:学生的在线时间、浏览的内容、完成的作业、发布的主题、参与讨论的次数及质量等,教师可以根据这些信息对每一个学生的学习做出客观、动态的评价。

(五) 系统管理模块

①学生管理。利用电子学档对学生的身份信息、活动记录、作业、评价信息等进行管理。②课程管理。课程的教学进度安排,教学活动管理。③作业管理。教师发布、修改、删除作业题目等。④试题管理。试题管理包括试题类型的管理、试题的录入与修改等。⑤资源管理。对课程系统中的各种资源进行发布、维护管理。⑥公告管理。教师通过公告系统发布通知、公告及对公告信息的修改、删除等。

(六) 系统导航模块

系统导航是在线课程中非常重要的一个组成部分。导航能为网状知识结构中的学习者提供及时有效的引导,它是一种避免学生偏离教学目标,引导学生进行有效的学习,提高学习效率的模块。导航的具体作用体现在:让学习者了解当前学习内容在学习过程中、在课程的知识结构体系中所处的位置;让学习者能根据学习过的知识、走过的路径,确定下一步的前进方向和路径;让学习者在使用在线课程遇到困难时,能寻求到解决困难的方法,找到达到学习目标的最佳学习路径;让学习者能快速而简捷地找到所需的信息,并以最佳的路径找到这些信息;让学习者能清楚地了解教学内容的结构概况,产生整体性结构。

系统导航模块包括在线课程的学习指南、使用方法指导、系统导航图、在线帮助等。

第二节 在线课程的设计开发

在线课程的设计与开发是一项系统性工程,需要很多人参与,包括一线教师、相关学科教育教学专家、教育技术专家、艺术设计人员、系统开发人员等。在线课程主要是利用校园网和多媒体教室,以互联网为载体,通过教学网站、论坛、留言板等网络信息传播手段,形成一个具有丰富教学资源与完善网络教学支持服务的体系。

一、在线课程设计开发的原则

在线课程设计应体现以下教学策略：突破简单的演示型模式，体现知识的意义建构过程；重视问题与回答方式的设计，提高学生的主体参与度；加强对学生的引导和帮助，促进学生对知识的意义建构；提供丰富的多媒体资源，创设有意义的学习情境；实现软件的超链接结构，启发学生的联想思维。

（一）科学性原则

由于学生学习在线课程是以自主探究性学习为主，因此，要求在线课程所表达的知识要具有科学性，措辞要准确，行文要流畅，符合知识的内在逻辑体系和学生的认知结构。注意分析教学目标和教学内容的结构，设计符合学生认知心理的知识表现形式和能够促进知识建构的策略，教学设计要体现网上学习的特点，不能将在线课程设计成简单的书本搬家。

（二）协作性原则

协作学习有利于高级认知能力及合作精神的培养，而在线课程为网络教学的协作学习提供了理想的环境。为了发挥在线课程的优势，既要提供协作学习的工具，还要将课程与它搭载的教学平台实现最佳的链接，实现与在线教师、学习伙伴进行通信交流和共享学习空间。

（三）交互性原则

教学过程中的双向或多向交流与现代学习规律相吻合，能有效地发挥学生学习的主动性和创造性。在线课程要有良好的交互性，能及时对学生的学习活动做出相应的反馈。用户界面要美观，符合学生的视觉心理，要对教案的文字、图表、视频和音频做出合理的布局和设计；设置导航栏目，操作应简单，提示信息要详细、准确和恰当。

（四）艺术性原则

符合审美要求的在线课程能减轻学生的认知负担，促进学生以积极的态度投入学习。在线课程的艺术设计是技术与艺术的整合，内容与形式的统一。在线课程的多媒体元素和界面设计两个方面都应遵循艺术性原则。在线课程内容不再是以线性方式组织的教科书文本，而是以超文本方式组织的多媒体教学内容，创设相关情境，为学生建构知识提供良好的学习环境。

（五）便利性原则

在线课程设计的过程中要充分为学习者考虑，尽量为学习者创造便利的学习条件。如：结构清晰的导航设计，简单有效的链接；交互界面生动形象；内容上基础知识与拓展知识相结合，层层深入等。

（六）可评价原则

在线课程必须为学习者的学习情况和学习效果提供有效的评价和反馈，通过反馈信息，学习者可以灵活地调整学习进度和学习计划，以进一步改进学习方法。通过评价，可以培养学生发现问题、分析问题、解决问题的能力，激发学习者学习的积极性。

二、在线课程设计开发的流程

完整的在线课程设计开发包括分析、设计、开发、评价、发布与维护五个阶段。

（一）学习者分析

学习者是网络教学活动的中心，对学习者进行特征分析是在线课程教学设计的关键环节。学习者特征分析主要包括对学习者的社会背景，心理、生理发展的特点，学生的学习期望、学习风格以及已有的知识结构等方面的分析。在在线课程的设计活动中，应该相对应地对参加该课程学习的学习者开展网络调查，包括对学习风格的测试等，并建立相应的学习者档案。通过对这些数据的分析，掌握不同学习者的学习需要和个性化需求，并对不同学习风格的学习者提供相适应的学习建议，从而真正实现"因材施教"。

（二）教学大纲分析

教学大纲是根据学科内容及其体系和教学计划的要求编写的教学指导文件，它以纲要的形式规定了课程的教学目的、任务；知识、技能的范围、深度与体系结构，教学进度和教学法的基本要求。它是编写在线课程的直接依据，也是检查网络教学质量的直接尺度，对网络教学工作具有直接的指导意义，对学生了解整个课程知识体系也有很大帮助。

从形式上看，教学大纲的结构一般分为四个部分。

1. 说明

扼要介绍本门课教学的目的任务和指导思想，提出教学内容选编的原则和依据以及教学内容的重点和教学方法的建议，特别是对教学中困难复杂的部分进行分析，提出建议。

2. 文本

大纲文本是对教学的基本内容所做的规定，是大纲的主体部分，反映教学内容基本结构及其主要的教学形式，它是以学科的科学体系为基础，结合教学法的特点，顺序地排列着该门课程。

3. 教学内容的主题、分题和要点

一般以篇、章、节、目等编制成严密的教学体系。在大纲文本中规定着本门课程教学内容的范围和分量、时间分配和教学进度、课程有关篇章的实验、实习或其他作业题目等。

4. 附录

列出编写本教材的参考书目、教学环境要求、教学仪器设备、辅助教学手段和说明等。

教学大纲的制定应遵循科学性、思想性、基础性、系统性等原则。

（三）教学内容分析

根据教学大纲，编写教材、配套的练习册、实验手册，尽可能选用已有的优秀教材。教材的内容应具有科学性、系统性和先进性，表达形式应符合国家的有关规范标准，符合本门课程的内在逻辑体系和学生的认知规律。

①教材、配套的练习册。教材是教学内容的文字描述，要选择切合社会实际需求的、反映本学科最新发展动态的教材，删除那些已经过时的内容；教材不是教学内容的简单堆砌，而是教学内容的有机组合，是一个具有逻辑性、系统性的知识系统；练习册是选定教学内容后，诊断与巩固教学内容的测验试题的集合，是教材的重要组成部分。②实验、实验环境与实验手册。实验手册是对实验的说明，一般有实验目标、实验环境、预备知识、实验步骤、实验报告、思考与练习等几大部分。

（四）总体设计与原型实现

该阶段主要是选择一个相对完整的教学单元，设计出该教学单元的网络课件原型，通过原型设计，确定在线课程的总体风格、界面、导航风格、素材的规格以及脚本编写的内容。

总体设计是在线课程设计过程中最重要的一环，它是形成网络课件设计总体思路的过程，决定了后续开发的方方面面。原型实现后，应在一定范围内征求意见，尤其是征求最终用户（学生）的意见，并根据征求的意见进行修订，以达到最优化的目的，减少后续开

发过程中修订的工作量。

1. 确定内容组织方法

课程内容采用模块化的组织方法，模块的划分应具有相对的独立性，基本以知识点或教学单元为依据。课程内容的组织以有良好导航结构的 Web（网络）页面为主，链接有特色的网络或单机运行的教学课件，课件以知识点教学单元为单位。课程内容应根据具体的知识特点和要求采用文本、声音、图像、动画、视频等多种表现形式。自测部分可根据具体的知识单元设置。

每一个教学单元的内容一般包括：学习目标、教学内容、练习题、章节测试题、参考资源、课时安排、学习进度和学习方法说明等。

2. 细化内容表现方式

①文字。描述性文字要精练、准确。中文字体尽量用宋体和黑体，字号不宜太小和变化太多，背景颜色应与字体前景颜色协调，以减少在屏幕上阅读的疲劳。②画质。要求构图合理、美观，画面清晰、稳定，色彩分明，色调悦目，动画、影像播放流畅，具有真实感。图形图像应有足够的清晰度。③色彩。色彩清晰、明快、简洁，颜色搭配合理，主题与背景在色彩上要有鲜明的对比。网页色调要与内容相适应，背景颜色应与前景颜色协调，各页面间不宜变化太大。④构图。屏幕的空间关系安排合理，使画面新颖简洁、主体突出，具有艺术感染力，使教学内容形象地展示在学习者面前。⑤动画。动画的造型要符合教学内容的要求，比喻和夸张要合理，动作应尽量逼真，动画要尽可能接近事实。⑥视频。由于视频的信息量大，受网络带宽的限制，播放可能会出现卡顿现象，应适当减小视频的播放窗口。视频文件要采用流媒体格式。⑦音频。在声音质量上，应要求解说准确无误，通俗生动，流畅清晰；音响时机恰当，效果逼真，配乐紧扣主题，有利于激发感情，增强记忆。⑧内容结构。在同一个页面中不宜同时出现过多的动态区域，网页长度一般不要超过三屏。一门课程的网页应尽量保持统一的风格和操作界面。导航功能、控制功能、操作方法符合常规习惯。课程内容的设计应尽量加入交互方式，激发学生在学习过程中主动参与和积极思考。在疑难的知识点上充分发挥多媒体的功能，展现其内涵，使学生能够深刻体会，从而有利于培养学生获取知识的能力和创新能力。在线课程每个知识点都应提供相关的参考文献资料链接，以拓展学生的知识面。

3. 设置内容导航方式

在线课程中大量的超媒体链接和丰富的信息组织形式为学习者提供了个性化、自主控制的交互式学习环境，学习资源信息组织的非线性使学习者在学习过程中可以在各页面间自由跳转，但在学习的过程中容易造成"信息迷航"现象，从而影响交互学习的效果。因此，合理利用导航系统是实现高效交互的一个必要手段，它可以为学习者提供学习路径，帮助学习者高效有序地学习，避免在学习中迷失方向。成功的在线课程也必须具有方便良好的导航系统和灵活多样的导航策略。

（1）模块导航

模块导航是在线课程中常用的导航方式。它是用一些功能性的短语作为标志的超链接，一般把这些短语按顺序放到屏幕上方（通常称为导航条），单击任意短语都能进入该短语链接的模块中。它通常用于整个在线课程的各个页面中，以便实现模块之间的跳转链接。学习者在每个模块中学习时都可以方便地进入其他模块。如：在"教学内容""讨论社区""在线答疑""课堂练习"等功能模块之间使用这种导航策略，学习者在学习"教学内容"时遇到问题，可以直接在"讨论社区"模块中参加讨论或求助，也可以在"在线答疑"模块中直接查询。

（2）导航图导航

导航图导航是一种实用的全局导航策略，它为学习者提供了整体的超媒体结构网络图。学习者可以在任意时刻浏览导航图，以确定自己当前所在的位置以及下一步的学习计划。这样，不管学习者位于哪个节点上，都可以通过导航图方便地确定自己的位置并进入任一节点继续学习。与路径导航策略相比，这种导航使学习者了解所在节点与整体之间的关系。

（3）路径导航

路径导航也是一种重要的导航方式。与模块导航相比，它不如模块导航直观，但比模块导航灵活。它提供返回上一节点、下一节点等回撤按钮，并能随时用路径形式显示学习者当前所在的位置。而且，能记录用户曾访问过的内容的路径，学习者可以根据这一记录查阅或复习以前浏览的内容。路径导航为学习者提供实时的路径，使学习者随时都能知道自己所在的位置。

（4）其他

书签导航、浏览导航、演示导航、帮助导航等也是比较常用的导航策略。在使用导航的过程中，一般都是以模块导航为主，多种导航策略结合起来使用，学习者可以按自己喜欢的方式与学习资源交互，交互的方式更人性化。

（五）组织课程脚本编写

脚本是教学人员与技术开发人员沟通的桥梁。脚本编写要根据计算机的特点，在一定的学习理论指导下，对每个教学单元的内容及其安排以及各单元之间的逻辑关系进行教学设计，并写出相应的设计文本。网络课件的脚本编写要充分考虑原型设计阶段所确定的内容表现、导航、教学设计等课件的总体风格。脚本描述了学生将要在计算机上看到的细节。它在课件设计中占有非常重要的地位，它是设计阶段的总结，也是开发和实施阶段的依据。从其内容来看，它是网络课件中教学内容和教学方法的载体，而不是课本或教案的简单复制。

（六）素材准备

1. 素材的准备

根据脚本的设计要求，准备制作课程所需要的素材，包括文字、图片、声音、动画、视频、案例等，通过课件原型的设计和脚本的编写，可明确素材的规格、数量、种类和具体内容，便于进行批量制作，可大大降低开发的时间与成本。

2. 素材的采集和制作

通过扫描仪、声卡和视频采集卡等设备采集所需要的图片、声音和视频。

3. 素材的整理

素材制作好后，对素材进行属性标注，纳入在线课程的素材库中，供学生学习以及教师在学习和教学中参考。

（七）网络课件开发

根据设计的脚本，参考开发的课件原型，利用 Web 开发工具和语言集成课程内容，形成网络课件。

对屏幕上将要显示信息的布局进行设计，包括主菜单、不同级别的操作按钮、教学信息的显示背景、翻页和清屏方式等。

完成课件的制作以后，还要编写相应的文字材料，如：课件的内容适于何种程度的学生使用、课件的使用环境、使用的机型、课件的使用方法，以及其他配套使用的文字材料等。

（八）课程资源设计

在网上学习，强调以学生为中心，强调学生的自主学习，在在线课程设计过程中应注意设计大量帮助学生进行自主学习的资源、自主思维，促进学生的思维深度以及学习的参与度。促进学生自主学习的课程资源有：讨论主题、疑问及解答、课程辅助资源、测验试题等。

1. 设计课程讨论主题及内容

网络教学有良好的异步交互的优良特性，通过网络可以有效地对某一个论题进行深入的讨论。但课堂讨论由于时间有限、参与人讨论发言都很简要，一般都是几句话，这种时间有限的讨论往往浮于表面，感性成分居多而很难进行理性的思考。通过文章来表达自己的思想，可以提高学生的逻辑思维能力以及驾驭文字表达自己思想的能力。教师在进行课程设计时要充分考虑教学内容的性质，深入理解课程的教学内容，提出一些有争鸣空间的问题，教师还应对这些问题进行多侧面、多角度的考虑，准备一些讨论发言文章，以便在讨论过程中引导讨论展开的方向，拓展讨论展开的深度与广度。

2. 设计课程疑问及解答

网上学习以学习者自主学习为主，没有了传统课堂教师面对面的解释和演绎，它要求学习者从听众变成求索者，进行深入的思考。但当学生遇到解决不了的问题时，及时地答疑和帮助则成了必不可少的内容。教师将学习者在学习过程中常遇到的问题及其答案罗列出来，放在答疑系统中。这样，当学习者遇到类似的问题时可以从答疑系统中迅速获得解答，消除学习过程中的许多障碍，也可以减轻教师在教学过程中答疑的工作量，缩短学生获得解答的时间。

3. 设计在线交谈话题

同步实时讨论可以使学习者之间跨越地理位置的界限进行实时交流，比较适合于激发新观念、新想法，教师进行实时答疑和辅导等，也可以进行一些情感交流。教师在课程设计时应注意设计一些实时讨论的问题，引导学生参与讨论。问题设计应具有情感交流的情形，讨论话题应能启发新思路、新观点，并有一定的密集性，不能过于分散。在讨论过程中，教师要及时参与其中，确保讨论的深度以及讨论的主题不偏离方向。

4. 设计课程辅助资源

网上的资源是非常丰富的，而教师设计的主体教学内容信息容量是有限的。网络教学资源的开放性与全球化为资源的课程设计提供了最适宜的土壤。因此，在设计在线课程时，可以将与该课程有关的学习资源加入其中，这样有利于学生进行探索和发现，促进多面性思考，能满足众多学习者的个性化需求。

5. 设计测验试题

测试与评价都是网络教学过程中的重要环节，是保证网络教学质量的重要手段。在线课程中的测评系统具有自动组卷、在线考试、自动阅卷、试题管理等功能。它可以为网上教学中的考试与作业提供全面的支持。测评系统的核心是一个网络题库，它将试题按照经典测试理论进行严密的组织存储。它要求教师在设计课程时要设计一定量的测验试题，并按照经典测试法理论的方式对试题进行属性标记，最后纳入试题库中。

（九）自主学习活动设计

自主学习活动设计是对即将实施的网络教学具体活动的规划和设计，是在线课程开发的核心内容。自主学习活动设计的基本出发点在于促进学生与教师之间，学生与学生之间的交流，促进学生积极地投入网络学习中，充分发挥自己的积极主动性，提高网络学习的参与度。自主学习活动对学生个性的发展、社会参与能力、协作意识与协作能力、知识学习与实践均有重要的训练作用。

在一门完整的在线课程中，至少需要设计以下教学活动：实时讲座、实时答疑、分组讨论、布置作业、作业讲评、协作学习、探索式解决问题。教学活动的具体安排，根据课程内容确定。

教师在进行在线课程设计时还须注意的是，自主学习活动实施起来时间比较长，知识传递的效率没有课堂授课高，它主要针对学生的学习能力与基本素质的培养，应在课程内容中占一定比例，但不能过多；否则，实施起来比较困难。另外，自主学习活动往往要求学生进行深入的思考、广泛的调研，它针对复杂的教学内容比较有效，而对于简单的教学内容采用传统的方式可能更加有效。因此，教师进行课程内容设计时要充分考虑教学内容的特色。

（十）集成测试与评价

评价贯穿于在线课程开发的各个阶段。在线课程的设计不可能一步到位，它是一个开放性的循环过程，通过应用与实践，对课程进行综合评价，根据反馈信息，及时更新维护，课程的评价者可以是学习者、学科专家和教学设计专家。评价的内容包括：测试调查学习者的使用效果和授课教师的使用体会；根据课程设计要求目标，检查课程实施中的每一个具体环节的运行状态；检查各教学模块内容间的衔接情况；检查在线课程框架结构与在线课程操作的应用性能等。根据反馈信息对在线课程不断修改更新，使之不断完善。

三、在线课程设计评价

（一）课程内容

课程内容是指课程内容本身的学术质量和组织结构。课程内容要符合课程目标的要求，科学严谨，课程结构的组织和编排合理，并具有开放性和可拓展性。这一维度包括课

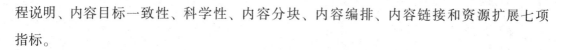

程说明、内容目标一致性、科学性、内容分块、内容编排、内容链接和资源扩展七项指标。

（二）教学设计

教学设计是指课程的教学目标、教学过程和教学测评方法的合理设计。课程的教学设计良好，教学功能完整，在学习目标、教学过程与策略及学习测评等方面均设计合理，能促成有效的学习。这一维度包括十四项评价指标：学习目标、目标层次、学习者控制、内容交互性、交流与协作、动机兴趣、知识引入、媒体选用、实例与演示、学习帮助、练习、练习反馈、追踪评价和结果评价。

（三）界面设计

界面设计是指学习者与在线课程系统之间的信息交流方式的设计。界面风格要统一，协调、美观，易于使用和操作，具有完备的功能。这一维度包括九项评价指标：风格统一、屏幕布局、易识别性、导航与定向、链接标志、电子书签、内容检索、操作响应和操作帮助。

（四）技术

技术是指所采用的硬件、软件技术能支持在线课程的安装、可靠运行和卸载，适合网络传输。这一维度包括运行环境说明、安装、可靠运行、卸载、多媒体技术和兼容性六项评价指标。

第三节　网络教学的应用模式

一、网络教学模式的特点

（一）信息传递的远程性

传统的课堂教学虽然能实现面对面的交互，但要求学习者必须按时到校，进入指定的教学环境进行学习，否则，授课、听课、提问、答疑等环节都无法正常进行。网络教学则突破了时间和空间的限制，任何学习者无论身处何地，只要通过网络就能获得教学信息。

（二）教学的交互性

传统的远程教学（如广播电视教学）虽然实现了远程教育，但教学信息具有异向流动的特点，教学信息只能从教师方传递到学习者一方。网络教学的信息传递是双向的，网络中的任何用户既可能是信息的接收者，又可能是信息的发布者，学习者通过网络接收教师的教学信息，并将反馈信息及时传递给教师，教师根据学习者的反馈对他们的学习进行进一步的指导。

（三）信息共享性

传统课堂教学中，只有少数人才能听到知名学校、知名教师的课，资源共享性较差。网络最大的特点就在于信息共享性，互联网上存有大量教学资源，可为网络中的所有用户共享。对于学习者来说，网络资源的共享性一方面使他们能够最大限度地享有教学资源，有利于开阔视野；另一方面，有利于他们正确理解和整合教学信息，从多个角度、多个案例展开学习。

（四）学习的个别化

基于网络的教学中，学习者的学习可以不再受课时和教学进度的限制。他们可以根据自己的情况，自主地确定学习内容和学习进度，根据自己的时间安排各学科学习的时间，还可以就某一问题向教师请教、与同学交流，展开网上的讨论，实现个别化学习。基于网络的学习是以学习者为中心的，学习者对自己的行为负责，是一种高度个人化的行为。

（五）教学的时效性

网络教学提供了实时与非实时两种方式，这一方面有利于学习者及时地接受信息；另一方面它支持学习者重复使用信息，保证学习效果，带有很强的实效性。

二、网络教学的组织方式

（一）基于网络的在线实时教学

基于网络的在线实时教学是指教师、学生直接通过计算机网络（包括互联网、局域网等）进行实时教学，在这种教学模式中，信息是即时传递与反馈的，学生可以即时得到强化。由于这种教学模式能够适应学生学习速度的变化，及时对学生所遇到的问题给出诊断信息，并提供相应的解决办法，因此，能够达到比较好的教学效果。不过这种方式也存在一些问题，主要表现为联网时间长、网络使用费较高、多人同时访问一台服务器时易造成信息传输速度降低等问题。这种组织方式又可以分为基于 Web 的实时教学与基于网络的实时讨论。

在基于 Web 的实时教学中，由于教学内容、学生的反馈信息、教师的反馈信息等是通过计算机网络进行实时传播的，因此，学生的评分、学习状况、速度等基本信息都可以随时记录到相应的服务器中，供教师进行详细的分析，为进一步的教学工作提供参考依据。

基于网络的实时讨论方式主要是利用计算机网络能同时让许多人参与讨论的功能，由教师专门开辟一个讨论区，教师、学生通过文字、图片或超文本输入的方式来讨论某一个课题，进行启发式的教学。另一种讨论可以采用远程会议的方式，即通过一个有视频和语音功能的多媒体计算机传递视频、音频信息，教师与学生可以直接用各种语言和非语言的信号来进行讨论。这种方式的优点是能够让学生直接用语言和其他非语言信号的方式来表达自己的观点，学生的思维不会被文字输入过程打断，讨论的效果比较好。教师也可以获得学生更为丰富的非言语符号所表达的信息，并从学生反馈的非言语信息中去分析他们的学习状态。远程会议方式是一种发展潜力很大的网络教学方式，随着技术的发展，相信会有越来越多的教师使用这项技术来开展网络教育活动。

（二）离线模式

由于学生的上网条件不佳、网站可以同时访问人数受限制等问题，在线功能有一定的局限性，另一种与之相互补充的教学方式为非实时教学模式，这种模式是教师通过网络向学生发送有关的教学材料，学生在接收到这些教学材料以后在非上网时间进行学习的过程。由于学生在非上网时间学习，因此，相应的网络使用费大大降低，网络利用率得以大幅度提高，网络运行更加顺畅。离线学习的缺点在于教师对学生的控制能力较差，如果学生的学习自觉性不够，会使教育过程流于形式。

（三）综合模式

综合模式包括将在线与离线网络教育过程模式综合起来以及将网络与其他媒体教学方法有机地结合起来的两种模式。将在线与离线网络教育过程模式结合起来可以发挥这两种模式的优点，是今后值得采用的一种模式。与其他媒体教学模式结合起来则是现阶段值得采用的模式。综合模式可以在现有技术条件允许的情况下最大限度地利用网络资源进行教学。

三、基于网络的探究式教学

探究式教学是指教师依据学生认知水平的不同，将社会生活中学生感兴趣的问题，以主题活动的形式呈现出来，调动学生的主体性和参与性，以个体或小组合作的方式探究问题解决方案的过程。在探究过程中，从探究方案的形成、实施，到任务的完成都由学生自主进行，教师不再是教学的绝对权威，而是作为学习的设计者与辅导者，对学生选题、收集和分析资料的方法等进行指导。基于网络的探究式教学是指在网络环境下组织和实施的探究式教学，典型的模式有探究式教学和迷你探究教学。

（一）探究式教学模式

1. 探究式教学的含义和特征

探究式教学是由美国教育技术专家伯尼·道格和汤姆·马奇于1995年提出的一种网络探究教学模式。探究式教学是在网络环境下，由教师按一定的格式建立探究式教学主题网页，引导并以一定的任务驱动学生进行自主探究的学习模式。目前，全球已有很多教师依据这种方法建立了自己的探究式教学课程网页，并在课堂教学中开展了广泛实践。根据完成时间的长短，探究式教学可以分为短周期和长周期两种。短周期的探究式教学一般在1~3课时完成，其教学目标是获取与整合知识，学习者需要处理大量新信息并最终形成对这些信息的意识。而长周期的探究式教学一般耗时一个星期至一个月，其教学目标是拓展与提炼知识，学习者需要深入分析"知识体"，学会迁移，并能以一定的形式呈现对知识的理解。

2. 探究式教学的教学设计

探究式教学是传统的课堂接受式学习到完全开放的研究性学习中间的一个很好的过渡。

它能在原有的班级授课形式下，帮助学生开展自主选题、自主探究和自由创造的研究性学习。标准形式的探究式网络教学设计一般是由教师建立一个网页，围绕一个主题在其中提供选题背景模块、任务模块、资源模块、过程描述模块、学习建议模块、评价和总结等部分，以引导与组织学生的探究学习。

3. 探究式教学主题

（1）绪言

教师通过绪言向学生简要介绍探究式教学的大致情况，描述所探究的问题，以进行先期的组织和概述工作。选题是设计探究式教学方案时首先需要考虑的问题。探究式教学主题应该来源于现实生活中的真实任务，以便学生能在真实事件中运用所学知识解决问题或做出决策。主题可以是单学科的，也可以是跨学科的。教师一般可以先从单科教学开始，熟练以后再开始跨学科的教学尝试。

（2）任务描述

教师应对学生的任务提出具体要求，并清晰地描述学习者行为的最终结果。探究式教

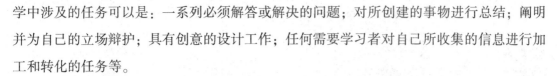

学中涉及的任务可以是：一系列必须解答或解决的问题；对所创建的事物进行总结；阐明并为自己的立场辩护；具有创意的设计工作；任何需要学习者对自己所收集的信息进行加工和转化的任务等。

（3）相关资源

教师提供一些可以帮助学习者完成任务的资源，如：一些电子图书、期刊论文、研究报告或者相关网址，并且应该在每一个资源的后面加一句话，嵌入对此资源的描述，以便使学习者在点击前知道链接的大致内容；或者告知学生信息资源收集的方法和途径，让学生自己去获取更多的信息和资源。

（4）过程描述

说明要做哪些工作才能完成任务，以及学生遵循哪些操作步骤或使用什么学习策略才能完成任务等。过程描述是探究学习的关键，这些步骤一定要清晰、简明。

（5）学习建议

教师为学生提供一些建议，以帮助他们组织所收集到的信息。建议可以使用流程图、总结表、概念图或其他组织结构，其中的问题需要引起学习者注意。如果建议内容较少，也可以把它和过程描述合为一体。

（6）评价方式

探究式教学通常采用学习量规来考查学生的表现，如：探究过程、问题结果、合作与交流、态度与情感等。教师可以与学生一起协商创建自我评价量规表，利用评价量规表，学生可以对自己的学习进行评价和反思。评价人员可以是学生自己，也可以是教师、家长和其他同学。另外，根据任务差异，评价方式可以表现为学生的书面作业、设计作品、网页创作或其他内容。

（7）交流和总结

对于将要完成的学习任务，教师应进行归纳和总结，并通过简洁的语言概述学生通过探究式教学能够学到什么或将会获得怎样的结果等。学习过程结束之后，教师应组织学生进行成果展示和学习交流，以促进对学习过程和知识结果的反思与深化。

4. 探究式教学模式的设计原则与适用范围

（1）成功组织探究式教学的原则

在探究式教学模式中，教师不再享有对教学过程的绝对掌控权，面对在网络环境中自由探究的学生。伯尼·道奇提出了该模式设计的五项基本原则，它有助于任何人去创建一项探究式教学教学活动。这五项原则可以用单词"FOCUS"来表示，即：

F—Find great sites，找出精彩的相关网站。

O—Orchestrate your learners and resources，有效地组织学习者和学习资源。

C—Challenge your learners to think，要求学生积极思考。

U—Use the medium，选用适当的学习媒体。

S—Scaffold high expectations，为高水平学习期望搭建脚手架。

（2）探究式教学模式中的任务类型

任务是探究式教学的核心部分，是课程教学目标的具体化。一个实际的探究式教学可能包括两种或两种以上的任务。任务应该是可行的、有趣的，并且能够促进学生高级思维能力的运用。任务问题不能简单地通过收集、整理信息来回答，这些问题应能促使学生对信息进行一定程度的加工，如：概括问题主题，进行比较、判断、分析与综合等。为了让学生进行高水平的认知，探究式教学为学生提供建构知识的脚手架，也就是将任务分成一些有意义的子任务，或是让学生经历一些已经经验化的问题解决思维过程等。

（3）探究式教学适用的教学内容

尽管探究式教学适用范围较广，但并不是所有主题都适用探究式教学模式。它不适合那些已经成为事实的内容，不适于教授陈述性知识、简单的过程或定义等。探究式教学最好用于那些不确定的问题主题，既没有既定答案又有多种可能解决途径的问题，才能够引起学生的兴趣，激发学生的创造性。如果探究式教学中包括角色扮演或闯关游戏，还应该在这一步设置相应的情境。

（二）迷你探究教学设计

1. 迷你探究教学概述

探究式教学通常需要学生花费数周甚至更长的时间才能完成一个具体的探究任务，它比较适合开展综合性的研究性学习活动。使用迷你探究进行探究教学设计，学习者通常只需要在 1~2 个课时内就能够完成一个微型单元的学习。因此，它能够比较方便地嵌入常规课程中使用，教师不必用一个较长的网络学习单元来"代替"大量常规课程。正是基于这些原因，迷你探究才为不同能力水平的教师创设网络学习环境提供了一个合理的起点。

迷你探究作为一种微型的网络探究教学模式，为真实问题研究提供了一个基本框架，该框架能引导学生带着特定的目的，并通过特定的网络资源来探究有意义的学习问题，从而提升学习者成功遨游因特网等信息环境的能力。迷你探究提供教师设计的在线教学模块，通过学生参与一个真实主题或问题的研究，来促进学习者批判性思维和知识建构能力的发展。

2. 迷你探究教学的类型

（1）发现型迷你探究教学

这种类型通常运用于课程单元的开始阶段，主要用来引导学习者进入课程单元的学习。如：在一个细胞分裂学习单元中，教师希望通过介绍癌症来向学生讲解细胞分裂。几乎每个学生身边都可能有癌症患者，因此，对这类疾病的初步研究就为细胞分裂的学习提供了实际情境和关联。

（2）探索型迷你探究教学

这种类型通常运用于课程单元的中间阶段，它主要涉及概念理解或课程目标所必需知识内容的获取等。它既可以与发现型迷你探究结合运用，也可以单独运用。如：运用发现型迷你探究案例中使用的主题，在探索型迷你探究中则可以要求学生通过研究癌症来描述有丝分裂的步骤和方式等。

（3）结论型迷你探究教学

这种类型通常运用于课程单元的结束阶段，它要求学习者运用其他探究学习或从传统教学中获得的知识内容和信息来回答或解决一些更为深入的问题，如要求学习者建构主题问题的解决方案，或是设计一个完善的实践活动计划等。

（三）迷你探究教学的结构

迷你探究教学一般由情境、任务、资源和成果等教学模块构成。

1. 情境

该模块为解决问题提供一个真实可信的具体情境，并安排学生担任某个真实的角色。情境模块必须设置学习者应该回答的学习问题，其作用是提供一个"锚"对学生的学习问题进行定位。

2. 任务

任务活动设计一般为1~2个课时，而且任务应当是被高度组织起来的。通过回答设计好的任务问题，学习者可以获取所需的一些事实或信息。

3. 资源

所提供的网络资源应该与任务和问题密切关联，通过资源链接能引导学生到特定网站获取所需信息，以便于学生将所获得的各种"原始"资源和信息材料及时而有效地组织起来。

4. 成果

学习者将通过作品来表现他们为情境模块中提出的问题所探究的答案，通过作品展示与交流，教师可以对学生的学习成果进行评定。因此，该模块必须包括对成果形式和评价标准的具体描述，如：要求学习者对所理解的知识或设计方案加以分析或论证等。

四、基于网络的协作式学习

（一）协作学习的概念与特征

1. 协作学习的概念

协作学习通常又称合作学习，它是指学习者以小组的形式，在一定的激励机制下，学习者个人和小组通过协同互助的方式，为完成共同任务而开展的学习活动。合作学习近年来受到广泛重视，它主要通过小组学习交流与合作来促进学生在认知、情感和社会意识等方面的成长与发展。随着教学研究和实践的深入发展，人们已经逐渐认识到，学生在解决一些复杂的学习问题时，协作学习是一种更为有效的教学方式。

协作学习的类型和方法较多，如：小组成绩分工法、小组游戏竞赛法、交错拼接学习法等。尽管不同类型的合作学习在教学步骤和实施程序上不尽相同，但它们都强调学习活动的合作化，即学生小组一起学习，每个人既要对自己负责，同时又要对小组其他成员负责。另外，合作学习还强调小组目标和小组成功的运用，而且这种成功只有在小组所有成员都达到学习目标时才能获得。合作小组一般以每个学习单元或4~6周为一个阶段，然后再重新调整小组成员，以便扩大学习交往范围，并使各自掌握的小组技能具有迁移能力。

2. 协作学习的特征

协作学习的关键是小组成员之间相互依赖、相互沟通、相互协作、共同负责，从而达到共同的学习目标。协作学习模式具备以下特点：①以小组活动为主体。所有关于协作学习的表述都强调协作学习的基本形式是小组学习，是以小组活动为主体进行的一种教学活动模式。②强调小组成员的协同互助。协作学习是一种同伴之间的相互合作、协同互助的学习活动，学生之间的协同合作与相互作用是协作学习赖以开展的动力源泉。③强调目标导向功能。协作学习是一种目标导向性的学习活动，是为达成特定教学目标而展开的。

3. 强调以总体成绩作为激励

协作学习以各小组在达成目标过程中的总体成绩作为奖励依据，这种激励机制有利于促进学生在小组活动中各尽所能，从而使自己和他人都得到最大限度的发展。

（二）计算机支持的协作学习

计算机支持的协作学习（CSCL），是指利用计算机技术来辅助和支持协作学习的教学模式。当这种学习主要基于网络化教学环境开展时，通常也被称为网络化协作学习（WSCL）。多媒体技术能为学习者提供形象直观的、界面友好的学习环境，网络技术打破了时空的限制，为学习者提供了信息获取与传输的通道。通过计算机支持的协作学习，身处不同地域的学习者可以通过计算机进行交流和沟通，并通过互联网络组成学习小组，在协商和互助的社会化环境中完成共同的学习目标。

1. CSCL 学习的特点

计算机支持的协作学习必须考虑如何让学习者进行充分的学习交互并实现协同互助。因此，交互性和协作性就成为 CSCL 协作学习系统的关键特征。

（1）交互性

在计算机支持的协作学习环境中，"人—机—人"之间的交互方式有多种，如：一对一、一对多、多对一、多对多等。由于计算机模拟操作和数据显示的可视化，信息交互内容不再拘泥于现实世界的直观现象，而是可以超越人的现实感知，将原本只能利用抽象语言符号表征的各种信息可视化、过程化，如：宏观和微观现象、动态和瞬间过程等都可以用三维动画进行展示。计算机支持的协作系统交互控制非常灵活，主控权既可以均衡分配，也可以高度集中；它既可以支持网络时空的同步交互或异步交互，同时还可以实现现实与虚拟之间的自由联结与交互协作。

在网络学习环境中，学习者可以按非顺序方式自由发言，教师和学生之间可以同时开展各种学习交流活动而互不干扰。由于 CSCL 主要以网络作为学习交流的中介，交互方式的间接性允许学习者进行匿名活动；匿名交互过程中学生可以不必顾及他人身份而畅所欲言，并有利于将学习关注的焦点从内容效果转移到内容本身。另外，利用网络环境中交互的间接性，学习者也可以在公共交互中建立私有通道，这就为合作学习的自由交互提供了便利。

（2）协作性

交互性是实现网络协作学习的必要条件，但要使协作者之间发生学习行为，还必须提供适当的协作机制。CSCL 学习系统为协作学习提供了以下五个方面的协作机制：①支持信息共享。CSCL 提供的信息共享功能，不仅可以使小组成员获得更多的信息，而且也使协作组成为信息接收的整体。这既能促进协作活动的开展和整体目标的实现，也有利于加强内部凝聚力。②支持协作活动。CSCL 支持多种协作学习活动，如：集体讨论、轮流发言、交互操作、信息沟通等。通过一系列的协作支持，有利于促进学习目标的共同实现。③支持角色扮演。协作小组成员各司其职，共担荣辱。CSCL 不仅包含相互依赖、个体职责等要素，而且像调停者、指导者、组织者等成员角色也是复杂协作系统成功的重要保证。④支持创造行为。协作学习目标是明确的，但学习过程却是多维的和富于创造性的。由于协作形式灵活多样，新的观点、思路、策略等会不断涌现，因此，学习过程本身会促进小组成员在知识、技能、价值观等领域不断发展，有时甚至会超越预定的协作组或个体学习目标。⑤支持控制管理。由于学生在学习过程中交互形式多样化而且极为复杂，各个成员的学习行为也不尽相同，为使协作和谐一致，需要完善的控制和管理策略。

2. CSCL 模式的教学设计

许多教育工作者在实践中对 CSCL 教学模式进行了积极探索，总结出了一些相应的操作程序，如："资源利用—主题探究—协作学习""小组合作—网页创作—远程协商"等。这些教学程序大致包括：通过调查确定主题、准备学习资源、设计活动工具、分头收集资料、交流与评价学习成果等环节。通常情况下，基于 CSCL 的学习设计有以下内容：

（1）依据学习目标确定学习主题

网络协作学习的目标是系统性的，一般将协作学习的总体目标分解为多个子目标，使其对应具体的学习内容，再结合子目标与学习内容设计协作学习主题。为促进学习者之间的协作与交流，学习主题应尽量选择具有一定开放性和复杂性的真实任务，以使学习者感受到问题的意义及挑战性，激发他们参与学习与协作活动的兴趣。

（2）确定网络协作小组的结构

协作小组是 CSCL 的基本组成部分，小组成员的活动方式以及分工、组合的不同，将直接影响协作学习的效果。通常情况下，一个协作小组中的学生最好是异质的，包括不同能力、不同性别的学生，一般以 4~5 人为宜。因此，可以按照学习者的学习成绩、知识结构、认知能力、认知风格、认知方式等互补的原则，将他们分配到各协作小组中。

（3）准备网络协作学习资源

在协作学习时，教师需要为学生设计并提供一定的信息资源环境，包括课程材料、相关知识库、原始数据库（内容或其超链接）等，一些学习者积累下来与任务有关的电子作品、个人主页或反思日记等也可以链接到学习网站上。尽量缩短无效时间，提高协作学习的效率。学习资源的信息量要足够丰富，资源结构要合理，具有一定的层次性，以便满足不同程度学生的需要；资源的表现形式要多样，以便于检索和加工利用。同时，应以开放的超媒体方式进行组织，鼓励学生对所需信息搜索、选择、评价和综合，提倡沉浸式的合作与交流，避免简单的信息传递。

在提供资源的同时，教师还应为学习者设计交互性良好的网络协作工具，包括界面友好的通信工具、协作工具、信息加工工具、个人主页空间、追踪评价工具等。功能强大的交互工具是开展网络学习的基础，为支持学习小组持续的交流与协作活动，教师应尽量为

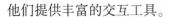

他们提供丰富的交互工具。

（4）策划网络协作学习活动

网络协作学习活动的设计是协作学习的主要组成部分。网络协作学习活动设计包括教学活动序列设计、活动内容设计和活动开展形式设计。协作学习活动主要围绕学习内容开展，并根据学习内容采用不同的活动方式。建构主义倡导的"支架式教学""抛锚式教学""随机进入教学""情境式教学""织网式教学"等也可以应用到设计网络协作学习活动中。

为了使协作小组有效地进行学习，教师也可以设计一些促进小组协作的规定性活动，如：要求小组讨论成员分工、学习信息与小组成员共享、积极参与小组协作讨论、检验不同的观点或意见、提供个体成果初稿供他人评论、确定小组工作步骤和评估标准、确定讨论内容和任务截止期限、确定作业形式和作品评价标准等。

（5）组织与监控学习过程

在协作学习过程中，教师需要对学习过程进行监控调节，并在与学习者的对话中提出问题和任务要求，提供有关研究案例、相关资源及学习指导等。协作任务要明确、具体，能激发学习者解决问题和参与合作的兴趣，并能激发学生开展判断、分析、综合等高水平的思维活动。

学习者在协作学习过程中，与协作伙伴、辅导教师等开展包括协商会话、知识表达、相互依赖、承担责任等多方面的合作性活动，彼此形成一个学习共同体。学习共同体的设计、构建和管理是 CSCL 能否取得成功的关键。在学习中，所有学习者都要不断增强"共同体意识"，明确意识到自己是学习团体中的一员，感受并理解团体对个体学习的意义。学习活动开始可以先组织成员进行自我介绍，可以通过邮件列表或个人主页进行交流。如果可能，也可以适当安排一些面对面的活动来增强交流的真实感。教师要鼓励小组成员在学习过程中的合作与互助，而不是只把问题交给教师，这样更能使学习者感受到共同体的学习价值。

另外，还要根据任务特点选择适当的组织方式，并合理安排协作学习活动。网络协作学习尽量与原有教学机制衔接，有利于使网络协同与学校活动在组织上具有一致性。如：安排组长负责协调小组活动、报告小组学习进展，安排课题教师、学科专家、辅导员以及技术人员等提供网络在线支持等。

（6）评价网络协作学习过程及成果

协作学习评价应具有开放性与多维性，不仅要评价学习成果，也要评价学习过程和学生的学习表现。在协作与交互学习过程中，教师应不断根据各小组的进展情况，恰当地评价每个小组成员的贡献，并将过程性评价与最终的学业成绩联系起来。自我评价和自我监控对于维持高水平的协作活动和学习思维都具有重要意义，教师应鼓励小组成员不断进行自我评价、相互评价以及自我监控和相互监控。

第四节　教学网站的设计制作

一、网站设计制作流程

教学网站的设计与制作需要经过网站整体规划、制作开发、测试与发布等过程。

（一）网站整体规划

网站规划是网站建设的第一步，也是最关键的一步，就像盖一座大厦，需要有详细的设计图纸和完整的施工方案一样，只有将网站规划好，才能为下一步的网站建设奠定坚实的基础。网站的整体规划设计主要从网站栏目规划、网站功能规划、页面结构规划三个方面来考虑。

1. 栏目规划

栏目规划是建立网站内部的逻辑关系，并通过一种方式表现在页面中。栏目一般位于页面上部的导航区，不同类型的网站栏目规划不同。栏目规划的原则主要有：①栏目设计结构要清晰、简洁；②栏目顺序安排合理，分清主次，重要栏目放在靠前位置，突出重点；③栏目结构不超过三级，过深的栏目容易使访问者失去耐心。

2. 功能规划

网站的功能分为前台功能和后台功能。前台功能是为访问者服务的，如：注册、评论、留言、搜索等功能。后台功能是供网站维护者使用的，如：发布功能、论坛、资源库等。对于一个大的教育网站或企业网站，后台的管理功能十分重要，因为它关系着网站的更新与维护，而实现后台管理功能必须采用动态网页技术。对于一个简单的教师个人网站，功能要求比较简单，可以采用静态网页技术，无须使用后台管理。

3. 页面结构规划

页面结构规划首先要确定页面的结构层次，其次确定各级页面的布局，最后设计页面原型。

页面的层次越少，越能留住访问者。通常，网站的页面结构分为三级：首页、列表页、内容页。不同层级的页面布局是不同的。首页一般采用两行两列布局，设计页面原型的目的是将网页所要表达的内容进行定位。在这个过程中，除了要对页面进行分块，安排内容，还要考虑每一块内容的信息表现方式。

（二）收集和准备素材

对网站做出整体规划以后，接下来准备素材。网页素材包括文本、图片、声音、动画、视频等。素材准备包括收集素材、制作素材、修改素材。常用的背景图片、背景音乐、视频可以下载；有的图片需要自己用 Photoshop 等绘图软件绘制或通过摄像头、数码相机摄取；有的声音需要自己用麦克风录制；大部分动画需要自己用 Flash（体积小，容易在网上传输）等专业软件来制作；有的视频可通过摄影机摄影；需要的文本应事先编辑好。为了便于编辑网页时的查找和日后的修改、管理，应建立合理的文件夹来管理素材、文件和文件夹。

（三）网站制作

创建网站从首页开始，然后制作二级列表页面，最后制作三级内容页面。创建网站首页是网站建设的重要部分，通过首页的制作，可以确定网站的整体风格和架构。

（四）网站的测试与发布

网站制作完成后，需要对网站进行测试，并将网站链接到服务器。

二、网站测试发布过程

（一）网站测试

当网站制作完成后，需要对网站进行测试。如果是动态网站，需要运行专门的服务器软件才能运行，如：运行 ASP 网站时，必须先在 Windows 系统中安装 IIS（Internet Infoemation Services，互联网信息服务）组件。对于静态网站，直接打开首页即可看到实际运行效果。网站测试主要包括页面的各个链接是否有效、图片是否正常显示等。

（二）注册域名

域名是互联网上用来识别网站的符号，一个好的域名对网站的发展非常重要。应根据网站类型选择合适的域名后缀，目前使用较多的是"com""cn""net"等。注册域名可以通过 ISP 提供的在线域名注册程序完成，也可以填写域名登记表格委托代理商进行注册。域名可以是英文的，也可以是中文的。不同类型的域名价格不同。

（三）申请虚拟主机

域名注册成功后，要选择托管网站的服务器。服务器一般分为两种：独立主机和虚拟主机。独立主机是网站独享一台计算机服务器资源；虚拟主机是通过技术手段将一台服务器虚拟分成许多份，可以在一台服务器上同时安装多个网站，网站规模比较庞大的选择独立主机，一般都选择虚拟主机，较为经济，但功能和性能受到一定限制。

在选购服务器空间时，主要考虑主机空间大小、访问量限制、程序语言支持、数据库支持、多媒体功能支持、网络安全、技术支持、保障能力以及服务商信誉等方面。申请到空间后，就可以将自己的网站上传到服务器上了。如果没有申请域名和空间，条件允许的话，可以将个人网站放到学校或院系服务器上。

（四）利用 FTP 上传网页

网站制作完成后，需要将全部网站文件传到服务器上。FTP 是互联网的文件传输协议，是为了方便用户在互联网上互相传送文件而制定的文件传送标准。通过 FTP 协议，可以与互联网上的 FTP 服务器进行文件的上传或下载。要将文件存储到 FTP 服务器，需要借助专门的 FTP 客户端软件，另外，还要有该 FTP 服务器的账号和密码。

第五节　网络教学应用新技术

一、动态网页技术

网页的产生是设计和技术的结合。从技术上来划分，可以分为静态网页技术、网页的动态表现技术和网页的动态内容技术三大类技术。从运行位置来划分，可以分为客户端网页技术和服务器端网页技术。静态网页技术、动态表现技术都属于客户端网页技术，动态内容技术属于服务器端网页技术。

静态网页是指用传统的 HTML 语言编写的网页。HTML 语言是一种文本类、解释执行的标记语言，而不是程序语言，它的执行由浏览器完成，不需要编译。HTML 编写的网页不会因时因地发生变化，因此，称为静态（Static）网页。

广义上来讲，动态网页技术包括网页的动态表现技术和网页的动态内容技术。前者是网页外观表现技术，运行在客户端；后者是网页的内容更新技术，运行在服务器端。狭义上来讲，动态网页技术就是指运行在服务器端的动态内容技术。

动态内容是指由每一个用户按照自己的需求发出请求而特殊制作的 Web 网页，如：访问某一网站的新用户得到的欢迎词与重新返回到该站点的用户得到的欢迎词是不同的。它实际上是通过一定的计算机语言编程，使计算机按照人们所希望的网页格式，产生包含用户所需内容的网页，传送给用户浏览。

利用网页的动态内容技术编写的 Web 页面运行在服务器端，与 HTML、网页的动态表现技术相比，有以下显著特点：

（一）保密性

由于运行在服务器端，服务器上的代码经过翻译后转换为 HTML 代码发送到客户端，因此，在服务器端和客户端看到的代码是不一样的，客户端看不到网页源代码。而运行在客户端的静态网页和动态表现技术制作的网页，其在服务器端和客户端的代码都是相同的。这是服务器端网页技术和客户端网页技术的显著区别。

（二）交互性

网页会根据用户的要求和选择而动态改变和响应，将浏览器作为客户端界面。

（三）自动更新

无须手动更新 HTML 文档，便会自动生成新的页面，可大大减少工作量。

（四）因时因人而异

在不同的时间，不同的人访问同一个网址时会产生不同的页面。

二、流媒体技术

流是一种传输数据信息的方式，采用这种方式，数据能够用稳定的速率从发送端传输至接收端，而接收端可以在发送端还没完全传输完毕前即可开始处理这些数据信息，一边播放，一边处理，节省了时间和空间。多媒体流是指多媒体数据（声音、视频）在网络上传输时的数据流，不同于一般的文件下载数据。

流媒体简单来说就是应用流技术在网络上传输的多媒体文件。流媒体技术是把连续的影像和声音信息经过压缩处理后放在网站服务器，让用户一边下载一边观看、收听，而不需要等整个压缩文件下载到自己机器后才可以观看的网络传输技术。该技术先在使用者端的计算机上建立一个缓冲区，在播放前预先下载一段资料作为缓冲，当网络实际连线速度小于播放资料所耗用的速度时，播放程序就会取用这一小段缓冲区内的资料，避免播放的中断，也使得播放品质得以维持。

流媒体技术在网络教育中的应用主要有网络远程教育实时教学、网络视频点播、互联网直播、视频会议等。

三、移动教育网络技术

（一）无线网络接入技术

常见的移动网络接入技术有无线局域网技术和蓝牙技术。

1. 无线局域网（WLAN）

无线局域网是指采用无线方式连接的局域网，主要的传输介质有无线电波与红外线。WLAN 的数据传输速率已经能够超过 10Mb/s，传输距离达 20km 以上，使网上的计算机具有可移动性，能快速方便地解决使用有线方式不易实现的网络连接问题。无线局域网中用于数据发送和接收的设备称为接入点（AP），WLAN 的应用有两种类型：第一种是独立的 WLAN，它是指整个网络都使用无线通信的情形，在这种方式下可以使用 AP，也可以不使用 AP；第二种是非独立的 AP，大多数情况下，无线通信是作为有线通信的一种补充和扩展，这称为非独立的 WLAN。在这种配置下，多个 AP 通过线缆连接在有线网络上，以使无线用户能够访问网络。

无线局域网由于其灵活、方便、快捷的组网方式，特别适合校园网络。在学校，使用无线网络产品可以实现建筑群网络连接、宽带互联网络接入以及移动获取网络服务等功能。利用无线局域网将校园内多个地点的计算机与中心计算机设备实现快速的连接、中心设备与互联网络服务提供商连接，这样可以为整个校园提供价格合理的宽带互联网络接入，可以实现学生在宿舍接入互联网，并可以为学生提供远程学习的机会。

2. 蓝牙技术

所谓蓝牙技术，实际上是一种短距离无线通信技术。利用蓝牙技术，能够有效地简化掌上电脑、笔记本电脑和移动电话等移动通信终端设备之间的通信，也能够成功地简化以上这些设备与互联网之间的通信，从而使这些现代通信设备与互联网之间的数据传输变得更加迅速高效，为无线通信拓宽道路。说得通俗一点，就是蓝牙技术使得现代一些轻易携带的移动通信设备和计算机设备，不必借助电缆就能联网，并且能够实现无线连接互联网，其实际应用范围还可以拓展到各种家电产品、消费电子产品和汽车等信息家电，组成一个巨大的无线通信网络。

在网络教育应用中，如果在无线局域网中采用基于蓝牙技术的网络产品，就增加了网络教学的可移动性。利用蓝牙技术还可以构建将各种媒体信息工具综合起来的蓝牙教室。对于学习者个人来说，利用蓝牙技术可以方便地搭建一个实时、快速、交互性强的多媒体学习空间，这样就可以把用户身边的设备都连接起来，形成一个"个人微型网"，使社会的每个成员、每一件智能化设备都能随时随地连接在网络上。学习者可以在互联网上多途径地学习丰富的教育资源，从而提高了学习者与教学资源、教师与学生之间的交互性，丰富了交互过程中的信息表征方式。

（二）移动教育

移动教育是指依托无线移动网络、互联网以及多媒体技术，学生和教师通过使用移动设备来方便地实现交互式教学活动。目前，移动教育主要有两种形式：一种是面向短消息的；另一种是面向连接的（实时通信）。

基于短消息的移动教育是指通过短消息可在用户之间实现有限字符的通信，也实现用户与互联网服务器之间的有限字符传送。利用这一特点，可以实现用户通过无线移动网络与互联网之间的通信，如：学校对教师的教学活动通知、教师对学生的教学活动通知、学生对教师提出问题、学生对于考试分数的查询等。这种面向字符的短消息服务（SMS）占用通道时间短，费用少，教学成本低。基于连接的移动教育是指使用 WAP 手机、GPRS 手机作为浏览器，直接进行移动通信。移动学习的应用领域主要有个人的移动学习、企事业单位的移动培训和远程教育中的移动学习。

第三章 信息化背景下初中教学的手段

第一节 信息化教学手段——教育云平台

一、认识云教育

（一）云教育的定义

1. 云教育

云教育是指基于云计算商业模式应用的教育平台服务。在云平台上，所有的教育机构、培训机构、招生服务机构、宣传机构、行业协会、管理机构、行业媒体、法律机构等都集中于云并整合成资源池，各个资源相互展示和互动，按需交流，达成意向，从而降低教育成本，提高效率。这样一个云平台，也就是我们常说的"教育云"。

云教育就是将教育服务的资源通过云计算的模式提供给用户。它实质上与以前在高校信息化中建立集中化管理模式和资源整合，建立公共的 IT 服务及资源应用的平台是相关的，是一种集成和发展。

还有观点认为，所谓云教育，是一个教育信息化服务平台。它通过"一站式"应用和"云"的理念，利用高速发展的移动互联网，试图打破教育的信息化边界，打破传统教育信息传递难、传递慢、沟通难的问题，实现跨国界、无地域、多语言、不受时间限制地无缝对接信息，让所有学校、教师和学生拥有一个可用的、平等的平台，实现班与班之间、学校与学校之间的交互和交流，让教育部门、学校、老师、学生家长及其他与教育相关的人士（如教育软件开发者）都能进入该平台，扮演不同的角色，在这个平台上融入教学、管理、学习、娱乐、交流等各类应用工具，让教育真正实现信息化。

简而言之，云教育其实就是一个云计算技术在教育领域的应用而衍生出的概念，它本质上是一种教育方式，是教育信息化、网络化的表现。

2. 教育云

与"云教育"同时出现的是"教育云"的概念，教育云是一个教育信息化服务平台，通过"一站式"应用和"云"的理念，打破教育的信息化边界，让所有学校、教师和学生拥有可用的、平等的平台。

教育云是将教育技术理念、学习支持服务的理念、创新思维的理念等多种思想和技术融合，为用户提供优质教育服务的平台和方式。

无论教育云穿上什么样的"外衣"，它的实质都是以云计算架构为基础，深度集成整合各种资源、系统、服务，按需向用户提供租用或免费服务，满足用户在学习、科研、管理、生活、娱乐、社交等方面的需求。

云教育和教育云虽然都指向云计算与教育的联姻，都是基于云计算在教育领域的迁移，但语义范围还是有所不同的。云教育也可称为云时代的教育，或者说基于云计算技术展开的教育活动，而教育云则是教育的云计算技术运用，或者说云计算技术在教育领域的运用，具体可表现为以云计算方式来提升教育效率和质量、降低教育成本的一个云服务平台，这个平台实现了教育数据的云化。如此来看，云教育是广义的，教育云则是狭义的。

3. 云计算辅助教学

在云教育和教育云的概念还没怎么使用之前，"云计算辅助教学"是过去两年人们探讨云计算技术在教学领域的应用时常用的说法。"云计算辅助教学"，说的是学校和教师使用"云计算"提供的服务来辅助教学工作。可以说，它是 20 世纪 80 年代"计算机辅助教学"概念在新世纪的新发展。

云计算辅助教学让学校和教师利用云计算技术来构建个性化教学的信息化环境，让教师有效教学，学生也能够主动学习，在提升学生高级思维能力的同时促进群体智慧的发展。因为在传统的课堂讲授方式中，老师通过口述并运用板书配合讲解，学生缺乏对学习内容的感受，教学效果不佳，学生的动手能力也没有得到锻炼。近年来，很多学校都利用多媒体方式来增加教学的互动性和生动性，并借此激发学生的兴趣、想象力和创造力。然而，共享这些丰富的教学内容需要高效、普遍的信息化基础设施，云计算能够为教育的信息化建设提供技术支撑和交互方式。

云计算辅助教学虽然不能代表云教育所涵盖的全部意义，但却是初期人们在研究云计算应用在教育领域时的构想，这个概念突出了云计算作为一种技术手段在教学中的作用，就像以前其他技术手段在教学中的应用一样，还没有阐释比较深刻的云教育的理念。

4. 云计算辅助教育

与"云计算辅助教学"相对应的是"云计算辅助教育"的概念，其差别在于后者覆盖到了整个教育领域，包括教学、教学实验、教辅领域等。人们对它的定义是，云计算辅助教育或者称为"基于云计算的教育"，是指在教育的各个领域中，利用云计算提供的服务来辅助教育教学活动。云计算辅助教育是一个新兴的学科概念，属于计算机科学和教育科学的交叉领域，它关注未来云计算时代的教育活动中各种要素的总和，主要探索云计算提供的服务在教育教学中的应用规律，与主流学习理论的支持和融合，以及相应的教育教学资源和过程的设计与管理等。

有的研究者认为云计算辅助教育包括云计算辅助教学和云计算管理教学两大块。也有研究者提出如今的教育云包含的就是"云计算辅助教学"和"云计算辅助教育"等多种形式。因为教育云包括了教育信息化所需要的一切硬件计算资源，这些资源经虚拟化之后，向教育机构、教育从业人员和学员提供一个良好的平台，该平台的作用就是为教育领域提供云服务。

"云计算辅助教学"和"云计算辅助教育"的提法侧重于云计算技术作为教育中的一种支撑手段的作用，特别突出这种技术所带来的个性化的教学环境和学生的主动协作学习，它们可以说是如今的"云教育"的初级阶段。而不管是云教育还是教育云，它们虽然也重视云计算的平台支撑作用，但更多的是诠释一种云时代所需要建构的新型的具有变革意义的教育理念，而这种理念需要社会各界都参与和支持才能获得认可，并产生实效。

（二）云教育的特征和优势

从技术角度来讲，云教育的优势是非常明显的，相比传统的教育方式，云教育在技术运用、学校师资和设备成本投入、学习效率等方面的优势非常突出。

1. 教育云平台的技术特征

（1）专业的用户细分

就目前所公开的教育云平台来看，云教育是针对教育系统的独特性研发出的一套专业的用户系统，根据用户单位类型、地区、身份、部门、角色、岗位、职位、科目、年级、班级等分类归档，并赋予不同功能和权限。专业的用户细分提升了教育的针对性。

（2）严格的权限和隐私设置

一般在云教育平台上，用户可为自己发布的内容和上传的资料快速设置或详细设置读写权限。详细设置可将权限赋予指定地区、身份、年级等细分用户和指定好友等，同时还为用户提供私密保护，设置为私密的信息，除了用户本人，其他任何人甚至包括平台管理员也无法查看该信息，最大限度地保护了用户的隐私。

（3）简单快捷的网站生成

云教育提供了操作更加简单的网站生成系统。它由向导引导开通，只需要简单的几个步骤就可以生成教育部门、学校、班级、教师、学生等群体的不同专业网站。在这个过程

中用户还可以选择各种已经设置好的、风格多样的模板，或利用提供的工具自定义设置自己喜欢的个性页面，打造风格独特的网站。

（4）开放通用的信息中心

接入到某一云教育平台的学校，使用的是同一标准的系统，所有学校资源及信息都可以与其他学校共享，这样就形成了一个超级教育资源库，落后地区与发达地区形成对接，实现资源对等。

（5）扩展性强、更新速度快

云教育提供诸多应用，平台的背后有专门的研发团队负责技术跟进和产品研发，可做到技术和理念与世界同步，并不断开发出最新的软件供学校使用，自动升级，无须做更多的设置就可以使用到最新的功能，获得顶尖的服务。

（6）对用户端设备要求很低

云教育所提供的一切服务对用户端的设备要求很低，学校师生可以使用原有的旧电脑或采用性能一般的低价笔记本电脑以及智能手机就可享受教育"云"服务，因此，学校能极大地节约计算机硬件购买和维护成本。

（7）高存储力、超强计算力

教育云平台可为用户提供海量的存储能力，保存用户的所有信息和资源，并提供永不丢失的备份。另外，云教育将由成千上万台服务器集群做计算，相当于一台超大型的计算机，能赋予学校前所未有的计算能力，这是目前任何一所学校都无法做到的。

（8）强大的应用服务支持

云教育提供的教育应用引擎使更多的开发人员可以在该平台上开发并运行教育应用软件为用户提供服务，且软件不限于教学课件、教学工具、教务管理、教学游戏等。这样就拓展了平台的功能和功效。

2. 开展云教育的现实意义

（1）保障信息安全，数据集中管理

任何一所学校在加大力度投入信息化建设时，都会积累大量的数据资源，其中还会有一些至关重要的核心数据。云计算服务提供了安全可靠的数据存储中心，把网络上的服务资源虚拟化，整个服务资源的调度、管理、维护等工作由专门的人员负责，用户不必关心"云"内部的实现。将数据存储在云端，不仅能保证数据高效安全的存储，更能进行快速的数据加密和解密，以及及时启动防御攻击的硬件辅助保护功能，有效提高安全性。因此使用教育云服务能够保证数据安全，师生无须再担心个人电脑因病毒和黑客的侵袭以及硬件损坏所导致的数据丢失问题。

（2）简化基础设施，降低建设成本

教育云服务对云用户端的设备要求很低，只要拥有可以上网的终端设备、一个浏览器，将终端设备接入互联网就可实现，不用再投入大量资金购买昂贵的硬件设备，负担频繁的维护与升级。同时，采用云计算可以减小计算能力对终端的限制，师生可以使用原有的配置一般的电脑或采用性能一般的笔记本电脑及当前比较普遍的智能手机接入云服务。这样可以极大地减少教育信息化建设的投入，降低学校在信息化建设中的软硬件成本。

（3）接入方式灵活，便于开展教学活动

教师与学生可随时随地通过手机、笔记本电脑等获得云服务，如：学习电子教案和视频、在线提交作业和提问、参加网上考试等，教师可以通过终端设备更新电子教案、网上答疑、在线评卷等。所有数据都可在云端解决，云用户可以方便地利用这些资源。这样的教学活动就摆脱了过去教学对空间地点如教室和机房的限制和要求。

（4）规范应用模式，实现资源共享共建

用户可以通过云应用平台订制私有云服务，多个应用将现有的信息资源共同加入一个"云"中，更大化地将各机构的优质资源挖掘和发挥出来，并利用它所提供的强大的协同工作能力实现教育信息资源的共享与共建，从而提高信息化建设效率，有效地整合数据资源，减少重复性建设，保障了数据的一致性。

（三）云教育的发展动因

1. 教育公益化发展的时代呼唤

教育是公共产品，教育事业是惠及全民的公益性事业，创造人人获得平等发展的机会，同时承担着最广泛意义上的社会启蒙使命。实现教育的公益化，其中最重要的一项就是教育信息资源的共享。教育信息资源共享是指信息主体尽可能地向社会公开教育信息资源，并让全社会信息用户能够无偿或有偿地获得所需教育信息，是信息资源建设的基本要求。云计算技术能够让所有教育资源的信息数据存储在规模庞大的数据中心，数据中心有专门的团队运营管理，用户只要获得相应的使用权限，就可以随意使用各种教育信息资源，并可随时与任何人分享。云计算在教育领域的运用实现了资源共享并因此促进教育公平，推动了教育的公益化发展。

2. 教育信息化发展的必然要求

对于信息化在教育发展中的重要作用，我国政府和教育界一直有着深入的研究和高度的重视。近年来，国家相继出台了一系列推进教育信息化的政策和措施，或在相关的文件中对教育信息化提出了明确的要求，其内容涉及现代远程教育、中学信息技术教育、中学

"校校通"工程、教育信息化发展纲要、教育信息化技术标准、西部中学现代远程教育项目及教育部现代远程教育扶贫示范工程、西部大学校园计算机网络建设工程、教师教育信息化建设等各个方面。

教育信息化的不断发展要求教育信息资源能够不断增长，教育信息资源的服务也要向多元化发展。云计算平台刚好满足了这种多元化的需求，微软、谷歌等 IT 厂商都推出了自己的比较好的云计算平台，学校利用这样的平台开展教育能够进一步推动教育信息化发展。

云计算近年来正处于起步阶段，有着强劲发展的势头，并将会成为未来网络发展的潮流和趋势。将云计算技术运用于教育，推动"云教育"发展，是促进教育信息化发展的需要。

3. 教育行业化发展的必然结果

教育是经济社会发展的加速剂，它可以降低生产劳动成本，提高劳动生产率，对经济发展具有长远推动作用，通过教育投入，可拉动教育经济增长，促进教育事业发展的功能和特性。云计算技术运用于教育行业，能够进一步推动教育行业深入发展，同时云教育对其他行业领域也会产生极大的辐射作用。

（四）云教育参与主体

云教育的核心理念是提供一个"一站式"服务的教育信息化平台，让教育部门管理者、学校管理者、教师、学生、家长及其他教育工作者等不同身份的人群都可以进入到这样的平台，并依据各自的权限去完成不同的工作。云教育打破了传统的教育信息化边界，集教学、管理、学习、娱乐、交流于一体，还可以融合现今流行的社交系统，如：相册、博客、社团、投票等功能（不同之处在于云教育社交平台都是实名制的），实现教育信息化系统开发体制的重大突破。

1. 学校

教育云服务提供商可以为学校快速开设信息化中心，学校无须购买软件和硬件以及维护设施，避免了以往在人力、物力、财力上的重复投入。系统更新升级以及安全维护问题都是由云教育平台及时解决，学校无须支付费用就可以使用到非常多的信息化服务。

学校在云平台上除了完成一般的教务管理工作，还可以开设学校自己的网站，并按需存储师生上传到平台的文件和数据。云教育使用的分布式文件系统，会自动为文件在不同的服务器做不低于三份的备份，因而学校不用担心文件和数据丢失的问题。同时，系统会自动为文件加密，除了学校管理人员，其他任何人都无法获取和查看数据，学校也可以为数据设置浏览、使用权限和方式（如是否自由导出和下载等），方便师生访问，保密性和适配性也都得以巩固。

云教育平台根据教育部门、学校、地区、身份、部门、角色、岗位、职位、科目、年级、班级等分类归档，并赋予不同功能和权限。注册到云教育平台性质一致的学校，一般都是使用统一标准的系统。学校公开的资源和信息还可以与其他学校实现共享，让落后地区和发达地区形成教育资源对等和对接。云教育平台把各种优质的教育资源予以整合，为广大学校提供合适、优质、可重复使用的素材，避免各个学校或单位各自为政和建设资源的重复和浪费。

当然，每个学校可以在云教育平台上开通自己的网站，在网站上开设学校消息、新闻动态、招生信息、公告消息、展示展览等栏目，充当门户网站的功能。学校组织的各项活动、通知的上传下达、教学的日常管理都能方便快捷地呈现，面向社会的工作信息和组织活动也能及时发布。

2. 教师

注册运用云教育平台的学校赋予学校教师账号和权限，教师根据管理员提供的账户登录到云教育桌面，根据管理员给予的权限设置空间，在这里，教师也可以开通自己的网站，选择云教育平台提供的模板或者自定义模板来装饰自己的网站。云教育为每位教师提供一个在线办公的空间，无须下载和安装，账户开设后即可。

在云平台，教师可以运用上面提供的丰富的教学资源、大量资料（如：搜索、查询考试题等），远程教导学生学习，开设自己班级添加成绩。教师还可以上传教学文件，一般来讲，资源共享范围也可以自己设置，如设置为同科目、同年级、同校、同一地区学校甚至全国所有学校。在云教育平台上，教师可以合理有效地整合各种教育资源，方便且可以随时调用网上的资源和查看其他教师的资源，在教学中提高教学效率；教师也可以在云教育平台上建立自己的个人网站，加强教师间交流，共同讨论与分享。比如，谷歌的云协作平台提供了免费的网站建设功能，每个教师都可以轻松地建设属于自己的网站。其特点为一键式页面创建、不需要懂 HTML 语言、可自定义外观和风格、可设置访问权限和共享信息。教师建设网站可以有多种用途，可以是班级网站、专题网站、个人网站，也可以用作网络教学、网络教研、资源建设等。

3. 学生

云教育平台为每位学生提供了个性化的学习空间，学生可以在这里自由选择学习方式和学习内容，设置自己特有的个性化网络学习空间。学生可以通过"云"搜索到海量的学习资料，在线观看各种名师授课视频；可以创建相册，撰写博客，结交朋友，展示自我，了解他人；也可以记录自己的考试成绩，在自己的空间发布学习笔记，与其他志同道合的学生一起交流学习，等等。云教育平台提供了一个全新的学习空间，学生不再受到传统课堂教学的制约。

4. 家长

云教育为家长和子女提供了一个全新的沟通交流方式，学校除了给教师和学生开通账户，还可以增设与学生对应的家长账户。家长账户与学生账户自动绑定，可以设置一些合理的功能，比如：家长可进入到子女的空间，了解孩子学习情况，如子女的每次考试成绩、参加课外活动的情况、实时动态等，拉近与子女之间的距离；家长还可以与子女一起参加到学习小组和教学游戏中，与教师讨论交流学习。中国自主研发的、基于云计算技术的"翼校通"和"数字校园"产品，就为家长参与云教育提供了很好的途径。"翼校通"和"数字校园"是中国电信依托宽带、移动通信网络，为初中学校、教师及学生家长提供的一套满足日常交流互动、安全管理等应用需求的综合信息服务。两者的具体业务内容包括"家校信息""报安信息""家校微博"三大方面。

比如：通过"家校信息"系统，各方可及时收看学校通知、作业通知、学生评语、成绩、家长和学生留言。教师采用登录翼校通门户网站、手机客户端或手机短信等方式，发送教学相关内容信息给家长。家长手机可接收、回复教师短信，也可以通过门户网站查看短信记录。

通过"报安系统"，学生到校和离校的刷卡记录会自动发送给家长，家长也可以通过翼校通门户网站查询报安信息记录等。"家校微博"则是在已有家校组织关系基础上与家校信息、报安信息紧密协同，以微博的形式提供学校信息发布服务、教师与家长以及家长之间的互动沟通服务。教师、家长及学生还可以通过 Web 或手机客户端使用家校微博。

（五）云教育给教育带来的变革

1. 促进教育公平

教育不公平是世界上很多国家存在的一个突出问题，国家与国家之间、同一国家的不同地区都存在这种现象，主要体现在师资、信息、设备和基础设施等层面。而我国教育不公平问题极为突出，发达地区的教育部门、学校和教育企业已经建设了大量的教育信息资源以及承载这些资源的设备设施，而教育欠发达地区教育信息资源及相应的基础设施则极为匮乏。

我们都知道，在中国，义务教育处于教育金字塔的塔基，也是人生成长的基础，是提高国民素质和培养各级各类人才的基础。20 世纪 50 年代以来我国义务教育发展迅速，成绩斐然，但是在改革开放和城市化进程加快的过程中，因流动人口的增加，并非所有适龄学生都能获得公平的教育机会。也就是说，我国就义务教育而言还没有完全实现教育公平，其他层面的教育不公平现象就更为显著了。

与此同时我们也知道实现教育公平是构建和谐社会的重要支撑和标志，关系到一个国家的命运，城乡差距的缩小、整体国民素质的提高也需要打破当前教育不公平的现状。

而云教育的发展让所有教育信息资源付诸"云"端，不管人身在何方，只要拥有连接网络的终端，申请获得教育云平台访问和运用的权限，就能拥有公平使用平台上教育信息资源的权利。让学生学到以往学不到的知识，也缓解了师资力量薄弱地区优秀教师缺乏的问题。可以说，促进教育公平是发展云教育的首要功能和目的。

2. 降低教育成本

很多企业通过实践已经证明，选择云计算技术能降低企业 IT 技术的总支出。这也让云计算能够解决成本问题成为许多行业选择采用这一技术的动力所在，而云计算对"长期需要投资"的教育领域的诱惑力可见一斑。

过去，教育信息化需求让从小学到大学的教育机构都花费大量经费去购买计算机、软件应用以及网络设备等资源，技术的更新换代又让这些资源逐一淘汰，造成大量的资源浪费，同时增加了学校的教育成本。引入并运用云计算技术，学校可以继续利用陈旧的计算机，降低购买教育资源的硬件成本，特别是对于一些贫困地区的学校来说成效明显，保留一些性能够用的计算机即可。

同时，有些教育部门和学校可能需要提供信息存储服务，当把信息资源转移到教育云平台，服务器的使用将大幅降低，由此连带着将降低服务器及所需基础设施的更新维护费用、人工管理费用和能源消耗费用。高层教育部门或者区域性的教育机构群如果集中租用教育云服务，从全局来看还将减少重复投资，提高信息资源利用率，实现"绿色教育"。

当云计算应用都是基于网络，这就给网络加速、网络优化提出了新的命题。当云计算应用越来越广泛，用户不断增多，传输耗能的降低就会变得格外明显，云教育的"低碳作用"就会凸显，并成为一种极具革命性的东西。

3. 变革教学活动方式

传统教育采取的是以教师为中心、以课堂为中心、以书本为中心的教育方式，教师、教材与学生三足鼎立，教师控制整个教学过程。而在网络时代，教材内容网络数字化，教师有时与教材相结合，甚至有了"电子教师"。受教育者可以向教师学习，也可以向知识数据库、专家系统学习，其接受知识的活动范围更广，而所花时间更短，教师已经由"讲台上的圣人"转变到为学生加工知识、提出假设、解决问题的"凡人"，其地位和作用已转变为培养学生学习掌握信息处理工具的方法和分析问题、解决问题的能力。同时，教师也要花精力去关注学生的个性、品德及心理健康和社会适应能力等。

因为传统的教学方式限定了时间地点和教学模式方法，因而让学生的学习自由和自主性有所降低。随着教育信息资源建立在"云"平台上，师生可以随时随地进行教学活动，同时云教育对用户终端的要求也不高，只要能联网，手机、电脑、笔记本等都可以作为使用终端，这就促进了"移动学习"的出现。

有了教育云平台，学生在任何时间、任何地点，只要想学习教师讲过的知识，就可以打开手机、掌上电脑或者笔记本电脑，在线查看教师教案或教学视频、提交作业，可以隔空与同学、老师进行信息交流。在这个移动学习的过程中，交互性、协作性与自主性通过云服务得以实现，凸显了学生在教学活动中的主体地位。

在云教育平台上，教师也可以"随时随地"开展教学工作，构建个人生活情感圈、文化圈和业务交流圈。"云服务"的便捷性、交互性和海量信息的易检索性对教师的业务进修、成果共享、专业发展和科学研究都会产生重大影响，有助于教师教学水平的提高，进而提高学校的教学质量。

4. 助推终身教育

有资料显示，全世界传递的信息量以每天近百亿信息单元的速度递增，并以 15% ~ 20% 的加速度不断发展。人类在近 30 年生产的信息已经超过过去 5 000 年的信息量的总和。

知识更新加快同时也会带来"信息超载"问题。终身学习、终身教育正是在这种大背景下提出来并为人们所逐步接受的，终身教育要求人们对信息有着持续吸收和应用的能力。

这也对应了我国的那句老话："活到老，学到老。"如今，我们已经步入终身学习社会，终身教育、终身学习的观念也广为接受。终身教育，也被称为继续教育，是相对于全日制教育而言的，它是针对知识更新的要求提出来的。终身教育主张在每一个人需要的时刻以最好的方式为其提供必要的知识和技能。如今，终身教育思想已成为很多国家教育改革的指导方针。发展终身教育，需要有意识地把文化组织、社区组织、职业协会和企事业单位部门纳入终身教育系统，充分利用社会各种具有教育力量和教育价值的资源和设施，使教育社会一体化。实现这一点，往往会面临很多技术和现实问题，如何整合各类师资力量以及教育信息资源至关重要。

如果政府的人力资源和社会保障部门、工会、妇联以及各种行业协会可以组织各类专业技术人员开发高质量的培训、教育信息资源，并在教育云平台上发布，属于不同行业、不同群体的个体则可以根据需要自由选择，按需学习。覆盖国民的公共云教育平台也就可以在终身教育领域发挥重要的作用。

二、基于云平台的"3微3步1分层"教学

（一）基于云平台

基于云平台是指在云平台搭建立体资源库框架图，并进行充分利用。首先，教师为方便学生学习，在云平台搭建有课程立体资源库，包括课程标准、课程说课、电子课件、职业标准、素材库、技能大赛、表格教案、群组交流等栏目，方便不同基础的学生时时处处进行学习。基础好的、学习有较强积极性、主动性的学生可提前预览有课程知识，参考技能题库，为后续持续发展奠定基础；基础相对薄弱但仍有较强学习欲望的学生可观看上次课的表格教案和教师的电子课件，通过群组交流达到掌握学习知识与技能的目的。

其次，学生通过教师的课程说课，了解有课程的学习意义和学习内容，组建团队、根据自我需求选择合适内容进行学习，并通过群组交流，与老师、同学进行问答交流，满足自身学习需要。

（二）"3微"

"3微"是指"微团队""微新闻"和"微课程"用"微团队"。课前应完成"微团队"的组建、"微新闻"的选择和"微课程"的制作，具体说明如下：

1. 组建好"微团队"

在传统课堂上，学生能力的差异明显，让教师常在课堂上顾此失彼，学生的自主探究不易落到实处。为体现学生的中心地位，充分发挥学生主观能动性和有效利用学生与学生之间的关系，在教学前期，组建学习的"微团队"。

2. 准备"微新闻"

教师课前利用搜索引擎查阅与本次课主题相关的新闻资源，进行筛选、处理，得出本次课合适的"微新闻"，创设学习任务，作为课前学习资料。

3. 制作"微课程"

传统教学模式中，部分教师往往任教几个平行班，课堂上被迫重复进行各类讲解和演示，而无法将更多时间用来了解学生；同时伴随着微博、微信进入我们的社交网络，学生也更倾向于喜欢"微学习"。基于此，结合多年的教学实践，选择教学重点和难点，将其制成便于理解和学习的"微课"，使学习者可以灵活地选择适合自己的学习时机与学习方

式来开展学习。学生还可结合个人的兴趣和能力，选择适合自己的课程内容，从而达到弥补个性差异、查漏补缺的目的，进而减少教师的重复劳动，提升课堂学习效率。

（三）"3步"

"3步"是指将教学设计分为"课前准备、课中学习和课后任务及交流"三个部分。课前准备好各项素材并将这些微资源上传至云平台；课中，以课前准备的"微新闻"为情景，基于情景，抛出问题，引导"微团队"不断思考，结合学生特点和知识内容特点，学生开展"微课程"的学习，进行课堂深层次的讨论，微团队合作学习，解决疑问，教师给予实时评价，达到寓教于思、寓教于乐的效果；课后，教师进入新一轮的准备，学生则进入新一轮的学习。

（四）"1分层"

"1分层"就是在充分尊重学生个体差异的前提下，经过动员宣传、问卷调查后，进行班级分层并施教，最后进行评价而使学生潜能得到充分发挥、能力不断提高的教学模式，简称"MISIER"分层教学。

"基于云平台的'3微3步1分层'教学方法"是指"微团队"以"微新闻"为学习引擎，以"微课程"为主要学习任务，以云平台为载体，实现课前、课中、课后分层教学培养。

第二节　信息化教学手段——移动学习平台

一、移动学习与移动学习平台

（一）关于移动学习与移动学习平台

近年来，移动学习已经逐渐走入学习者的身边。但关于移动学习的定义，学者和专家们还没有统一的标准。本书对已有文献进行梳理发现，目前被普遍接受和引用的是："移动学习是一种利用无线通信网络技术和无线移动通信设备（智能手机、PAD等）来获取教育信息、教育资源与教育服务的新型学习模式。"移动学习极大地满足了学习者在课下利用碎片时间进行学习的需求，其特有的性质有：①学习环境是移动的。由于传统教学的学习环境是在固定教室中面对面的教学，学习活动仅限于教室或者试验室；移动学习能够利用自身的优势，让学习者可以在任何时间、任何地点（如学校、家里、车上等）通过智能设备开展学习。②学习方式是个性化的。由于移动学习不再是在传统的固定教室中进行，学习者可以随时随地根据自身需求进行预习、复习、查漏补缺，具体学习的方式就是个性化的、是因人而异的。③学习内容是交互的。开展移动学习的设备必须能够快速地呈现学习内容，并且该设备能够实现学生、老师、资源三者之间的交互，达到学习的高效性。④学习过程是非正式的。移动学习使师生从传统的、集中的、统一的学习方式变成个别的、个性的方式，学习者可以利用自己的零碎时间（如：课下的零碎时间、等公交车的零碎时间等）随时随地进行学习。这种学习方式是非正式的，极大地增加了学习者的学习机会，很好地填补了教学的空白。

移动学习平台是为移动学习服务的一种环境，它是指利用移动通信工具与信息技术工具搭建的能够使学习者进行移动式学习的学习软件以及硬件环境。通过对国内外移动学习平台的了解，从技术开发角度出发，可以将其分为以下几种：

1. 基于 C/S 的移动学习平台

C/S，即 Client/server（客户/服务器），基于 C/S 模式的移动学习平台开发是直接在移动终端进行开发的应用软件，以该种方式开发的学习平台现如今已屡见不鲜，这种开发模式需要专门的技术人员来进行开发，安全性高，独立性强，但由于移动终端设备有不同的操作系统，各种操作系统间软件的开发平台不一致，导致兼容性问题，使得开发成本高，开发难度大，开发周期长，维护难度大等，此种方式不利于教师迅速建立教学的移动学习平台。

2. 基于 B/S 的移动学习平台

B/S，即 Browser/Server（浏览器/服务器），是针对服务器端开发的技术手段。实现此系统的架构不需要复杂的技术手段，只需要开发者对不同的学习内容显示的页面进行转换即可，这种开发模式的难度、周期、风险相对于 C/S 模式来说较小，但存在用户需要记住学习平台的网址、用户名、密码等一系列烦琐的事务，一定程度上会造成学生用户的流失，造成学习效果不佳等问题。

3. 借助第三方软件的移动学习平台

此种开发模式是指结合在移动终端应用广泛的 APP（如：微信、QQ、微博等）对此进行二次开发整合，具体方法是通过第三方软件的应用开发接口（API）实现功能的扩展。由于借助的第三方软件是贴近用户的使用习惯的，无须安装额外的软件，无须再去记烦琐的用户名密码，可以实现方便与性能之间的平衡，利于教师开展教学。

（二）Moodle 平台

Moodle，即模块化面向对象的动态学习环境，目前在各国运用非常广泛，可以提供多种管理功能。

1. 权限角色切换功能

Moodle 平台是专门为教学而设计开发的，支持系统管理员、课程管理员、教师、学生等四种角色。系统管理员负责 Moodle 平台总体上的技术支持，管理整个 Moodle 平台的维护以及对其他角色的权限授权；课程管理员负责 Moodle 平台内课程体系的规划、建设以及后期管理及维护；教师负责具体课程内容的建设以及实际教学的开展工作，与课程管理员需要提前协商相关事宜；学生可在 Moodle 学习平台内选修自己感兴趣的课程，使用相应的学习功能，如：聊天室、讨论、WIKI 等。

2. 课程管理功能

Moodle 平台可以创建无限次的课程目录，并且每门课程都可以灵活地设置权限，Moodle 的课程管理功能已经十分成熟、完善。

3. 学习跟踪分析功能

在 Moodle 平台的后台，教师可以查看平台内选修课程的学生所对应的学习数据，包括学生观看课程的次数、学生参与某个教学模块的情况等，这些数据可以以表格或图表的形式呈现，直观形象地展示学生的学习情况和数据。

4. 测试功能

Moodle 平台还有在线测试的功能。教师可以随机或手工地组合题目；并且试卷支持乱序排列、测试时间限定等功能，这更加方便教师及时检验学生的学习情况。

5. 其他功能

除以上功能外，Moodle 平台还提供了双评价功能、聊天室功能、资源管理功能、小组讨论功能、WIKI 功能等。

Moodle 虽然功能强大，具有开源免费的优点，但由于其初衷是为 PC 端设计的，仅支持 B/S 模式的浏览，缺乏对移动设备的识别和转换，所提供的用户界面不适合移动设备的比例，教学资源难以跨平台呈现，这与学习者的学习习惯相悖，因此不能直接用于移动学习。

（三）微信及微信公众平台

微信是一款常用的互联网社交 APP，它已经成为深受学生喜爱的、被学生普遍接受的一种社交方式，早已融入了学生的日常活动中。

1. 微信公众平台的分类

微信公众平台是腾讯公司在微信应用软件基础上推出的一项用户可进行自媒体活动的拓展功能，它分为订阅号、服务号、小程序以及企业号四种。

（1）订阅号

订阅号适合个人或媒体进行注册使用，具有信息发布与消息传播的能力。订阅号可以每天推送图文消息，并且消息内容不会显示在微信 APP 的聊天列表中，而是被叠加在了订阅号的文件夹里，需要打开订阅号文件夹才可以看到更新的消息提示。

（2）服务号

服务号适合企业或者组织进行注册使用，具有强大的用户管理能力。服务号一个月内只可以发送 4 条消息，但该消息可以显示在微信 APP 的聊天列表中，用户可以直接收到推送的消息。

（3）小程序

适合有服务内容的企业、组织注册使用，它位于微信 APP 中的"发现"菜单中，可以被便捷地访问与传播。"小程序"是一个公众小平台，主要是方便人们的生活，解决生活中的很多问题，具有良好的用户体验。

（4）企业号

适合企业客户注册使用，具有实现企业内部沟通、管理、交流的能力。企业号每分钟最高可以群发200条消息，并且消息内容直接出现在微信 APP 聊天列表的首层，用户也可以直接收到推送的消息。

2. 微信公众平台的功能

微信公众平台具有以下功能：

（1）用户管理

在微信公众平台的后台，管理员可以添加用户、删除用户以及按照用户的兴趣偏好等进行分类管理。

（2）群发消息

教师可以提前编辑好以语音、文字、图片、视频等各种媒体形式的图文消息并将其群发给各个用户，该功能使得教师更加方便地发送作业消息、解答学生共同的疑惑。

（3）素材管理

通过素材管理功能，教师可以将常用的视频、语音、文字、图片等学习资料保存为素材，方便日后制作回复内容。

（4）统计

统计功能由用户分析、消息分析以及图文分析三个模块组成。用户分析通过数据表、曲线图来显示用户数据，并且可以查看用户的语言、省份、性别等分布的数量及各自的比例；消息分析可以统计用户向微信公众号发送的消息的情况；图文分析可以查看每篇文章中的用户接收量、阅览量、分享量、转发量等，并且可以设定特定时间段进行统计分析。

（5）高级功能

高级功能包括编辑模式、开发模式两种，开发模式是为技术人员提供的高级应用版块，可以实现编辑模式下的所有功能，并且可以使用微信公众平台提供的 Open API 进行自定义开发，实现馆藏查询、网页授权登录、小游戏等功能，开发者可以根据自身需求，通过 Open API 接口开发个性化的微信公众平台。

二、基于 Moodle 的移动教学平台构建与应用

（一）Moodle 与移动教学

Moodle 是一个开源的课程管理系统，其指导思想是建构主义学习理论。Moodle 的主要功能大致分为网站管理、学习管理、课程管理三大部分，其中课程管理中有灵活、丰富的课程活动。通过语言包支持简体中文，其采用 B/S 的应用模式，在使用上具有很大的灵活性，能适应台式计算机及移动设备的访问。

移动教学是指在非特定的学习场所或利用移动的学习工具所实施的教学，是依托目前

比较成熟的无线移动网络、互联网以及多媒体技术，学生和教师使用移动教学服务器实现交互式教学活动。智能手机、平板电脑等移动设备以及通信网络质量的提高，为移动教学提供了很好的运行基础，关于移动教学的各种应用软件的开发也逐渐完善，不断促进移动教学在各类教育中的应用，移动教学方式为学生提供了多元化的学习资源以及更灵活、更方便的学习、交互方式，对提高教学效果有着很好的帮助作用，将是今后教育技术发展的一个重要方向。

移动教学服务器作为教学活动的重要平台，必须同时兼顾学生、教师和教育资源这三个方面，以便将他们通过该系统有机地结合起来。由于是开源软件、免费且设计的教育理念先进，Moodle 已成为世界上最流行的课程管理平台之一，能支持台式计算机以及移动设备的访问，其主要功能包括课程管理、教学活动设计、学生学习与互动等方面，基本上可以满足各种教学活动的常用应用，能有效地将教师、学生、资源、活动进行联结，是一个非常适合为移动教学服务的平台。

（二）基于 Moodle 移动教学平台的构建

Moodle 平台具有兼容性和易用性，可以在任何支持 PHP 的操作系统上安装，安装过程首先是搭建支持 PHP 的 Web 服务器以及支持 Moodle 的数据库软件，然后安装 Moodle 平台，在进行简单的配置和优化以后，平台就可以投入使用了。

（三）基于 Moodle 的移动教学应用

1. 面向课程的教学管理应用

Moodle 平台提供了面向课程的日常教学管理功能，如：学生账户管理、选课、账号角色分配、课程添加和删除、访问日志查询及网站功能配置等。在移动教学中，教学活动通常按课程的方式进行安排，师生通过界面登录后，便可利用课程管理功能，实现教师课程的开通和关闭、备份和恢复，学生通过选课功能进入指定的课程进行学习，浏览学习资源和参与教学活动。

2. 面向教师的教学应用

在 Moodle 搭建的移动教学平台中，教师可以随时随地使用移动设备登录后进行相应的教学活动，如：布置教学活动、查看学生学习进度、为学生进行答疑和指导等。教师可以按照教学计划实施自己的教学设计，根据移动教学的需求，选择不同的教学方式和策略。Moodle 中的教学安排可以按章节/主题安排或按教学周顺序来进行，教师可以灵活地进行选择；教师还可以利用课程的管理功能进行与教学相关的活动（如：学生分组、作业成绩统计与分析、勋章奖励、分析学生在平台中的学习习惯），还可以利用 Moodle 平台开展各种形式的教学评价。

教师可以通过 Moodle 提供的资源展示功能，将教学内容通过如 IMS 内容包、图片、音视频、电子图书、网页及文件下载等形式向学生展示，这些内容都可以通过台式计算机和移动设备进行访问。

Moodle 平台中提供了灵活、丰富的课程活动，如：SCORM 课件、程序教学、测验、问卷调查、作业及互动评价等；各种课程活动功能完善，如：测验就包括了题库的建立、组卷、测验、试卷的批改及成绩的分析等多种环节；同时，这些课程活动也可以进行灵活运用，如：测验除了可以作为考试，也可以作为心理测试、问卷调查等应用。针对移动教学环境，还可以使用一些对学生来说轻松、熟悉的互动活动，如：聊天室、讨论区及短消息等。利用 Moodle 开发者提供的其他插件还可以使用更多的课程互动活动，如：思维图、故事板等。

3. 面向学生的学习应用

学生通过 Moodle 移动教学平台可以实现课前准备、参与学习、课间互动、考试、参与评价、建立自己的学习档案袋等过程。

学生课前的准备包括浏览课程、选课等工作，利用移动设备参与课程具有更高的灵活性。学生在使用账号登录后，即能进入个人主页，获得所选课程的一些相关提示，如：课程的动态、教学计划及作业安排等信息。

在参与学习活动的过程中，学生可以通过移动设备浏览或者下载 Moodle 移动教学平台中教师提供的各种形式的教学资源。Moodle 已经能支持多种常用的多媒体文件格式，实现文字、声音、视频、图片、动画等资源的展示，对流媒体格式的支持使该平台能更好地适应移动设备的网络环境。Moodle 还提供了学生私人文件夹，学生可以将自己的历次作业和资料存放其中，需要的时候还可以进行打包下载形成自己的电子学习档案材料。

学生可以利用移动设备参与教师安排的教学活动，进行交互活动。例如，可以参与教师在课程中安排的活动应用，如测验、作业上传、问卷及互动评价等；利用移动设备所配置的摄像头和麦克风，迅速实现照片、录音、视频的上传；也可以在移动设备上将已完成的作业文件进行上传；利用平台的短消息功能、聊天室功能与教师和同学互相通信；利用平台提供的博客空间建立自己的博客。

Moodle 是一个开放的教学平台，利用其提供的 Web Service 支持，可对教学平台进行二次开发和完善，设计相应的插件或者客户端。随着该平台在移动教学中的功能逐步完善，利用 Moodle 构建的移动教学平台将在移动教学中得到广泛的应用。

三、微信移动学习平台建设与应用

（一）微信移动应用及其价值分析

微信学习平台基于微信的平台化功能进行设计，在应用开发方式上，是一种轻量级开发方式。一般地，移动应用可划分为原生应用和 Web 应用两种类型。随着微信等软件的出现，基于第三方的轻量级应用正在成为一种发展迅速的应用方式，并将对移动开发领域带来积极的影响。

1. 移动应用分析

原生应用是专门针对某一类移动设备而开发的，下载并安装到设备里进行使用。Web 应用是使用移动设备上的浏览器来运行，不需要在设备上单独下载和安装软件。轻量级应用是指基于微信等应用软件，在此软件基础上以一定形式为用户提供的应用服务。

2. 轻量级应用及在教育领域中的价值

在教育领域，轻量级移动应用开发方式对于教育信息化发展具有积极的意义和价值，主要体现在以下方面：

（1）教师直接参与应用设计实现

在教育领域，一线教师是教学活动的践行者和学习软件的使用者，应当使每位教师能够结合自己的教学和课程，灵活设计移动学习课程，开发移动应用，服务教学使用。零技术门槛的轻量级应用平台为此提供了条件，微信公众平台等简化了移动应用程序的开发流程和过程，降低了开发门槛，使不具备技术开发能力的普通教师也可以直接参与学习应用的设计与实现。

（2）推动教育信息化的移动化进程，促进移动学习发展

教育类站点移动化程度为最低，相对于其他领域，移动化进度相对滞后，移动教育的发展还任重道远。轻量级应用的发展，有助于推动教育领域站点和应用的移动化进程，降低移动开发门槛，通过平台型服务模式，发布教育应用与教育内容。

（3）推动社会化学习和非正式学习

由于轻量级应用具有门槛低、体验好、流量少、无须多次下载安装等特点，更易被用户接受和广泛应用。因此将有效推动社会化学习和非正式学习的移动化、即时化、游戏化、碎片化、社交化。如学习者通过微信入口，即可使用一种信息的会聚与联通服务，通过账号服务体验多项学习内容。

（二）微信移动学习平台设计

微信通过公众平台和开放平台为用户和开发者提供了平台化业务和技术支持，微信轻量级移动应用的开发在微信平台化架构的基础上实现。

1. 微信的平台化功能

（1）微信公众平台

微信公众平台是微信提供的一个功能模块，提供了消息发送的基本功能，以及编辑模式和开发模式两种应用模式。公众平台的主要功能包括：①群发推送：向用户推送信息，群发文字、图片、语音、视频等类别的内容，并且可以通过后台的用户分组和地域控制，实现精准的消息推送。②自动回复与自定义菜单：公众平台的编辑模式可以通过简单的界面编辑设置自动回复，用户可根据关键字，主动向公众号提取信息，实现"对话即搜索"的服务。编辑模式还允许服务公众号创建自定义菜单，使用户可以通过点击菜单项获取消息。③自定义接口：公众平台的开发模式提供了自定义菜单接口，开发者可以创建自定义菜单，实现功能按钮，获取订阅者，提供位置服务等，为用户提供更为个性化的服务。④数据统计：数据统计是微信公众平台在发展中增加的一项功能，包括用户分析、图文分析、消息分析和接口调用分析。数据统计功能也为移动学习中的学习分析提供了基础。

（2）微信开放平台

微信开放平台为第三方移动程序提供了基于 ISO 和 Android 系统的开发工具包，应用开发者可通过开发工具包将微信功能接入第三方应用，将第三方程序的内容发布给微信好友或分享至朋友圈，使第三方内容借助微信平台获得更广泛的传播。

2. 微信学习平台设计

基于微信的移动学习应遵循清晰定位、合理功能、科学内容、丰富互动、灵活学习和互通服务的设计原则，将微信学习支持功能融入课程和教学设计中。在设计原则指导下，并基于微信的功能分析和平台支持，可以提出基于微信的移动学习平台设计框架。

（1）平台界面

微信学习平台提供给学习者的界面包括：公众号关注、好友与群交互学习者添加好友、加入群，这些行为在微信上可以便捷地实现，体现了轻量级应用的特点。

好友与群构建了学习上的伙伴和小组关系，有助于推动移动学习的协作化。关注学习公众号，可以使用公众号提供的各种学习支持功能。同时，通过关注支持公众号，可以实现与其他服务功能的互通，如：在微信中可以使用云服务，将内容存储到微云进行保存、共享和管理，可以通过印象笔记等应用，实现个人微信学习的知识管理等。

（2）功能模块

通过前期对微信的移动学习支持功能进行的研究发现，语音文本交互、微信群交流、自动回复响应、订阅推送、内容分享是微信移动学习支持的主要功能，这些功能构建了微信学习平台的功能模块。在实现上，这些功能基于微信公众平台和开放平台提供的支持完成。在开发模式下，还可以结合云存储、数据库、语音、位置等相关技术，设计开发更多功能模块。

（3）学习活动

在平台提供的功能基础上，基于微信的移动学习可以实现学习过程中的交互互动、资源分享、资源发布、资源检索等学习活动。

①交互互动：微信基本功能提供了语音文本交互和群聊方式，微信好友、群、用户与公众号之间可以进行语音文本等消息交互与互动。②资源分享：微信中可以通过群、朋友圈等分享资源。另外基于微信开放平台，还可以在其他第三方移动学习应用中接入微信功能，将信息和资源通过微信分享给好友或者朋友圈，提供有效的资源分享方式。③资源发布：微信公众平台提供了学习内容"推式"主动发布。微信更加关注信息的高质量，限制推送信息的数量，要求在内容上进行认真设计和规划。在移动学习中，订阅推送模式可以用于教学中课程信息和学习内容的发布，并可支持学习者进行泛在环境下的自主学习。④资源检索：微信的自动回复提供了学习内容的"拉式"的按需检索。这种基于关键字的内容检索方便了用户的信息查询和使用，可以设计信息导航与检索，自动解答学习者常见问题，对学习内容等进行分类响应等。因此，对于自动回复的检索设置，要从教学内容、呈现方式、内容格式等方面进行精心设计。

第三节　信息化教学手段——翻转课堂

一、翻转课堂的基本理念

（一）什么是翻转课堂

翻转课堂有很多名称，诸如颠倒教室、翻转教学、颠倒课堂、翻转学习等，其实意思都一样。翻转课堂是从英语"Flipped Class Model"翻译过来的术语，一般被称为"翻转课堂教学模式"。

传统课堂教学模式中，教师在课堂上讲课，讲完后布置课后作业，让学生在课外练习。与传统课堂教学模式不同，在翻转课堂教学模式中，教师创建教学视频，学生在课外观看视频中教师的讲解，主要在课外完成知识的学习，课堂则变成了教师与学生之间、学生与学生之间互动的场所，课堂上教师主要通过组织答疑解惑、交流讨论、知识运用等活动帮助学生完成知识的习得，从而达到更好的教学效果。所谓翻转课堂，就是教师创建教学视频，学生可以在课外观看教师的讲解视频进行学习，回到课堂上与教师、同学面对面交流和完成作业这样一种教学形态。

1. 翻转课堂不是什么

不是在线视频的代名词。翻转课堂除了教学视频外，还有面对面的互动时间，学生与同学和教师一起发起有意义的学习活动。

不是视频取代教师。

不是在线课程。

不是学生无序学习。

不是让整个班的学生都盯着电脑屏幕。

不是学生在孤立地学习。

2. 翻转课堂是什么

是一种手段，增加学生与教师之间的互动和个性化的接触时间。

是让学生对自己学习负责的环境。

教师是学生身边的"教练"，不是在讲台上的"圣人"。

是混合了直接讲解与建构主义的学习。

是学生缺席课堂，但不被甩在后面。

是课堂的内容得到永久存档，可用于复习或补课。

是所有的学生都积极学习的课堂。

是让所有学生都能得到个性化教育的课堂。

（二）翻转课堂的特征

1. 教师角色发生转变

首先，教师由传统课堂上知识的传授者变成了学习的促进者和指导者。教师不再是课堂的主宰，课堂也不再是教师的一言堂，学生的主体地位在翻转课堂中得到充分体现，而教师的主导地位并没有削弱，反而加强了。教师要熟练地掌握一些学习活动的组织策略，比如：基于问题的学习、基于项目的学习、小组学习、游戏化学习、角色扮演等。其次，教师由教学内容的传递者转变为视频资源的设计开发者以及相关教育资源的提供者。在课前教师需要向学生提供必要的资源,比如:相关知识讲解的教学视频、教学课件、其他网络资源等,以便于学生对所学知识有较充分的了解;当学生需要帮助时,教师便会向他们提供必要的支持。因此,教师成了学生便捷地获取资源、利用资源、处理信息、应用知识到真实情景中的脚手架。

2. 学生角色发生转变

在翻转课堂教学模式下的个性化学习中,学生成为自定步调的学习者,他们可以控制对学习时间、学习地点的选择,也可以控制学习内容、学习量的多少。学生是整个学习过程的主角,不再是传统课堂上被动的知识接受者。学生在课堂上通过小组学习和协作学习等形式来完成对所学知识的理解和吸收。学生由之前完全的知识消费者转变成了知识生产者,掌握比较快的学生可以帮助没有掌握的学生进行学习,承担教师"教"的角色。

3. 课堂时间的重新分配

在课堂中减少教师的讲授时间,留给学生更多的学习活动时间是翻转课堂的又一核心特点。这些学习活动应该基于现实生活中的真实情境,并且能够让学生在交互协作中完成学习任务,将原先课堂讲授的内容转移到课下,在不减少基本知识展示量的基础上,增强课堂中学生的交互性。最终,该转变将提高学生对于知识的理解程度。此外,当教师进行基于绩效的评价时,课堂中的交互性就会变得更加有效,根据教师的评价反馈,学生将更加客观地了解自己的学习情况,更好地控制自己的学习。

学习是人类最有价值的活动之一,时间是所有学习活动最基本的要素。充足的时间与高效率的学习是提高学习成绩的关键因素。翻转课堂通过将"预习时间"最大化来完成对教与学时间的延长。其关键之处在于教师需要认真考虑如何利用课堂上的时间,来完成"课堂时间"的高效化。

4. "翻转"增加了学习中的互动

翻转课堂大大提升了教师和学生以及学生与学生之间在课堂上的互动。由于学生通过教学视频对即将要学的课程进行一定程度的深度学习,在课堂上主要是学生提问、教师解答和学生之间进行讨论交流等,充分提升了学生在课堂上的主人翁意识,使其能够积极地参与到学习过程中。

(三)翻转课堂的基本流程

第一,教师制作教学视频及相关练习并上传网络。

第二,学生课前自主学习教学视频及相关练习。

第三,课堂教学活动的实施(师生、生生之间交流难点、疑点,在课堂上共同完成作业，操作练习）。

第四，教学效果评价、反馈。

（四）翻转课堂体现的现代教育理念

1. 注重学生主体性的学生观

前苏联教育家苏霍姆林斯基曾说过："真正的教育是自我教育。"只有个体进行自我教育，真正意义上的教育才能实现。只有个体学会了自我教育，方能体会到自我价值的实现。

学生是自己学习的主人。学生有一定的自我学习能力，具有自主学习的可能性和能动性。在翻转课堂教学模式下，学生真正实现了自主掌握学习进度，最大限度地发挥出自己的积极性。不论是学生的自学，还是小组合作学习，每个环节都充分体现了学生的能动性和主体性。

2. 学生自主学习、合作学习、探究学习的学习观

现代学习观更加注重发展学生的自主学习能力、合作学习能力和探究学习能力。现代学习观认为，学生自身具有自主学习、与他人合作学习、以问题为中心的探究学习的能动性和主体性。翻转课堂教学模式下，学生很好地实现了自主学习、合作学习、探究学习。

3. 新型因材施教、分层教学的教学观

新型因材施教观以最近发展理论为基础，它立足于学生现有的发展水平，着重关注学生可能达到的发展水平。新型因材施教观意在促进学生向可能达到的水平发展，发掘出学生发展的潜能。

学生存在着个体差异，拥有不同的发展水平、不同的认知风格、不同的思维方式等。这就需要我们在教学过程中关注学生的个体差异，进行分层教学。

翻转课堂教学模式充分体现了新型因材施教、分层教学的教学观。不论是微课的制作、两种学案的设计，还是"合作互学"和"合作提升"等教学环节，都考虑到了学生的差异性和独特性，有利于学生在现有基础上获得更高层次的发展，有利于探寻学生发展的各种可能性。

4. "独立性与依赖性相统一"的心理发展观

由于自身具有的生理和心理特点，学生既具有一定程度的独立性，又具有相对的依赖性。学生的独立性要求在教学中以学生为主体，学生的依赖性要求在教学中以教师为主导。

翻转课堂教学模式综合考虑了学生的独立性和依赖性，体现了"独立性与依赖性相统

一"的心理发展观。在教师的启发指导下，学生自主地学习。这样，既充分发挥了教师的主导作用，又体现了学生的主体性。

二、翻转课堂中微课程、微课与慕课的应用

（一）微课程与微课

1. 微课程定义

基于微课程属性的认识，微课程教学法认为，微课程是云计算、移动互联环境下，有关单位课时教学活动的目标、任务、方法、资源、作业、互动、评价与反思等要素优化组合为一体的教学系统。

云计算、移动互联是微课程赖以产生的时代背景和技术基础，有着支持"泛在学习"、信息化学习管理和大数据应用创新的良好应用前景。我们在分析微课程的时代属性中已经阐明：微课程应该尽可能纳入云教育范畴。当然，微课程并不排斥"纸媒"支持的翻转课堂学习，需要指出的是，微课程的产生是与翻转课堂紧密相关的。但是，长远来看，微课程应当主动纳入由云计算、移动互联支持的云教育范畴。

"单位课时教学活动"明确了微课程教学法关于微课程的研究对象。把单位课时教学活动的目标、任务、方法、资源、作业、互动、评价与反思等要素纳入微课程范畴，是因为微课程首先表现为课程属性中提及的四大范畴——课程开发、课程设计、课程实施、课程评价，将在微课程要素优化组合的微系统中得以实现。

2. 微课程的研究对象

微课程教学法认为，微课程的研究对象以单位课时教学活动为好，因为单位课时教学活动是构成课程活动的最基本单元，通过基本单元教学活动的变革，达到在家精熟学习，到课堂参加学生互动、师生互动，协作探究，获得学力提升，是非常有意义的。

如果再用联系的观点看问题，一个微视频可以囊括数个相互联系的知识点，不仅有利于学生梳理知识结构，形成新的认知结构，而且有利于引发学生对相互联系的事物的深层思考，为他们今后在事物相互联系的复杂世界中实现创新基础。自然科学与社会科学发展的一般规律告诉我们，发现事物之间的关联，正是产生创新思维的必要条件。

教育系统是生命性复杂系统。要培养创新人才，就应该在教育过程中渗透科学世界观，使学生善于从知识点与知识点之间的联系中发现新问题，形成新认知。学生时代擅长在知识点与知识点之间的联系中学习与发现的人，长大才有可能擅长在事物与其他事物的联系与差异的比较中发现创新点。把知识点联系起来考查，有利于培养学生创新思维的能

力，这与建设创新型国家的战略决策相一致。

假如在微课程实验刚刚开始的时候，就不顾中学与小学的区别，不顾学科与学科之间的区别，不顾不同课时教学内容之间的难易差别，笼统地把微课程及其教学视频限制在一个知识点的话，就不仅与学校教学实际不符，而且支持只抓知识点的应试教育，会使学生从小在孤立看待事物的习惯中泯灭创新思维的潜能。

微课程的研究对象不是拘泥于知识点，而是立足于单位课时教学活动。我们不赞成在微课程实践刚刚开始的时候，就给一个微视频只有一个知识点的限制。因为，这只能强化传统的资源建设观，强化以只抓知识点为标志的、扼杀创新潜能发展的传统教学。

3. 微课程属性分析

只有在事物的性状或属性得以充分展现的时候，才有可能产生能够反映概念本质的定义。而且，随着社会实践的推进，人们对于原有概念的理解会不断得到修正，从而更加接近事物的本质。微课程教学法关于微课程的定义就是在实践逐渐呈现其属性的基础上逐渐形成的，因此，理解微课程首先要从分析微课程的属性开始。另外，人们对于同一概念的理解往往因为研究视域不同而不同，从而形成多元化的定义。就像公共关系学传入我国之初，人们发现，早在 20 世纪 70 年代中期，全世界关于公共关系的定义，已经达到 472 条之多。因此，微课程教学法关于微课程的理解并不排斥基于其他领域提出的定义，只是坚持基于中小学微课程实践的抽象、提炼与总结的特色。

观察中学翻转课堂实验发现，微课程除了具有微小的特性之外，还具有课程属性、技术属性、资源属性和时代属性等四大基本属性。这是微课程最主要的属性，因此，我们不再花工夫去证明"微课程"概念本身自带的"微小"的属性。

（1）课程属性

课堂属性是任何课程最基本、最本质的属性，无论是国家宏观课程，还是基于 IT 科技发展的当代微课程，概莫如是。离开了课程属性，微课程就不能称它为课程，因此，微课程首先表现为课程。从课程论方面看，课程涵盖课程设计、课程开发、课程实施和课程评价四大范畴，微课程作为课程也不例外，是关于微课程设计、开发、实施和评价的最优化组合的教学系统。课程属性是微课程之首要的和本质的属性。

微课程将以课程论的理论与方法指导实践，在微课程设计选择方面采纳学习者为中心和问题为中心两种设计思想，以任务驱动、问题导向为基本方法，设计指导学生课前开展自主学习的自主学习任务单，录制帮助学生完成自主学习任务单的配套资源（含微型教学视频），并与课堂教学方式创新、微课程教学评价融为一体。

从课程属性的角度看，微课程绝对不是纯技术的，其核心是课程，从观察教师录制微课教学视频的过程可以发现，他们的注意力全神贯注在课程方面，录制结束又很自然地开展起同伴互助式教研活动。这时候，他们既为发现自己在教学方面的潜能惊喜，又在第一时间发现存在的问题，然后着手调整、修改、重新录制。整个过程都关注在课程上。

在微课程开发过程中，需要处理好技术与微课程设计、开发、实施与评价之间的关系，不是技术指挥课程，而是课程优选技术。

（2）技术属性

微课程当然具有技术属性，因为它本身就是信息时代的产物。一般来说，微课程的内容依靠信息科技存在，其实施与评价活动离不开信息科技创造的条件。从翻转课堂起源可以发现，某种程度上说，没有 IT 科技最新成果与学习方式变革的结合，就没有翻转课堂对教育的重大变革。

微课程主要采用微型教学视频支持学生在家自主学习。通过观看微型教学视频学习，可以让学生有一个自定进度的学习，即按照自己的步骤、节奏、方式学习。在观看视频的过程中，学生可以随时暂停播放，思考问题或做好学习笔记，也可以在不甚理解的时候倒回去重播一遍乃至数遍，直到达成学习目标为止。这样，当第二天进入课堂教学的时候，大部分学生都可以站在大致相同的基础上进行内化与拓展的学习。

不过，真实的在家在线学习远没有这么简单，因为此时学生没有任何监督，除了具有高度的自觉性和坚强的毅力之外，没有力量能够保证学生坚持在屏幕前完成人机一对一式的自主学习。微小视频符合人的视觉驻留规律，能够保证人的视觉注意力集中在屏幕上，从而保证学生能够在家完成学习知识的过程。因此，微视频成为微课程技术属性中最为耀眼的因素。

最早产生的微课程，其支持自主学习的教学资源都采用视频格式，不过，随着实践深入开展，人们发现微型教学视频并不能支持所有教学内容的自主学习。于是采用以微型教学视频为主要形式、以其他资源为后援的混合式技术方式开展自主学习。因此，为了突出变革，可以把微型教学视频作为微课程的主要技术属性，但不应该把它绝对化，而应遵循优化教学目标实现的原则与方法，在具体学习过程中采用最适当的技术形式。

（3）资源属性

微课程教学法由三大模块组成：自主学习任务单、配套学习资源（含微型教学视频）和课堂教学方式创新，其中自主学习任务单（或学习单、学案、导学案等）和配套教学资源，本身直接表现为资源。自主学习任务单是教师设计的指导学生自主学习的表单式的方案，配套学习资源是教师开发的帮助学生完成自主学习任务单给出的任务的学习资源。微课程具有资源属性毫无疑义。

问题在于，微课程是自主学习任务单、配套学习资源和课堂教学方式创新三者的统一体，通过三大模块，把微课程的设计、开发、实施和评价落到实处，所以，微课程作为资源，与一般抽象意义上的纯资源不同，它是学习内容与翻转课堂学习方式整合于一体的新型资源。

（4）时代属性

任何概念、任何学说的产生都是时代的产物。微课程也不例外。但是，关于微课程时代属性的理解并无意去挂靠经济、政治、社会、文化等关于全球化、信息化、多元化等诸多要素或结构的理解，而是特指当代 IT 科技发展特征，即云计算、物联网、大数据和移动互联。

基于上述认识，微课程应当尽可能地纳入云教育的范畴，使学习能够方便地在任何可能的时间、地点"泛在"地开展，并且基于学习平台支持，实现学习行为、学习评价的数据化管理，从而为学习分析、教学策略调整、大数据应用创新创造条件，以便更好地促进学习绩效的提升。

当然，微课程教学法并不排斥"纸媒"支持下的翻转课堂学习方式。由于地域差异，包括经济和技术等方面的差异，可以多元化地选择微课程的媒体呈现方式，因地制宜地创意翻转课堂的具体形式。但是，长远来看，只有基于云上移动互联和大数据才有更好的发展前景。因此，微课程教学法倡导：尽可能把微课程纳入云教育的范畴。

4. 微课程与微课的区别及联系

广义的微课与微课程都简称为微课。实际上，二者还是存在一定区别的，从字面上讲，微课与微课程应该有区别，而且各方还有各方的争议。

第一，微课程是根据学生学习的普遍特征，将课程分解成为具有课程目标、学习任务、学习方法、学习资源、课后作业、社会媒体交流与反思等在内的小课程体系，其探究角度是以微课时长为单位的教师教与学生学的活动，并非一个被简单地分段拆散的时长单元。微课必须与教学单元、学生的学习过程及相关资源等相结合，构成一堂完整的"微课程"。

第二，微课程的真正实施，可以产生许多新的学习资源，也是在教学过程中资源的创新，是教学内容与学生学习过程的新体现。从课程学的角度来说，微课程应具备课程、时代、技术与资源四个属性。

第三，微课是教学的缩减版或另外一种课件形式，与教学中传统课件形式一样，并不能改变传统教学及传统人才培养方式。

第四，微课程是新事物，体现出课程创新需求，并且应对新的课程改革浪潮。

第五，从微课程学习方式的视角，微课程与慕课（MOOC）相似。可汗学院的慕课就具备学生参与、教师反馈、布置作业、交流讨论及相关评价考试等较完整的学习过程模式。

第六，微课程的教学与学习形式是分步与整体的，是有利于个性化人才培养的教学形式，与今后的高层次教育更能有机接轨。

同时，二者也存在一定的联系。微课程中的资源与微课的呈现形式有着天然的联系。许多学校开展的课程颗粒化形式的微课采用的技术手段过于复杂，其内容依旧是简单的拆分，真正要走向微课程，必须思考微课程的视频如何设计，使之真正体现新型教学方式。

通过分析与比较，微课程由基于某个专题的系列化、连续性、层次化的微课构成，它是基于一门课程的某个重要的单元、主题、实训而设计开发的一种微型化的视频课程。微课则是它的重要单位，如果附加学生参与、教师反馈、作业训练、交流讨论及测验考核就构成了今天的慕课。

（二）翻转课堂中的微课程

1. 微课程是翻转课堂的基础

翻转课堂主要分为课外、课内两大学习环节——课外自学，课内消化。微课程正是课外自学的核心，通过微课程将课堂知识点清晰明了地呈现给学生，学生可根据自身具体情况自定步调开展自学，只有在有效完成微课程学习的前提下，翻转课堂的教学才能顺利实施并发挥积极作用。

2. 翻转课堂成为微课程发展的胚体

教学设计时要依据翻转课堂的需要来设计微课程，分化知识点，将学习目标分解为若干个小目标，每一个微课程就只针对一个主题，解决一个难题。翻转课堂式教学的开展成为微课程发展的胚体，微课程只有根植于翻转课堂教学模式中，才能真正发挥微课程的力量，许多零散的微课程才能成为一个体系，因此，基于翻转课堂教学模式的微课程具有系统化、专题化、可持续修订、可分解等特性。

3. 微课程质量决定翻转课堂的教学效果

由于翻转课堂在课内解决对知识的理解、对知识的反思等一系列有意义的学习，而基础知识的掌握完全依靠课外学习，课外学习的核心便是微课程。所以，必须要精心设计微课程，从课程目标分解、微课程教案设计、微课程教学分析（包括学生、学习活动等要素）、微课程摄像、微课程后期制作、微课程生成等多个环节提升微课程的设计、制作水平，以优良的微课程质量确保翻转课堂教学效果的优化。

4. 翻转课堂是微课程的评价实体

微课程质量的高低可以在翻转课堂上得到验证和评价，在团体预备知识评测和反馈的环节，可以评价学生微课程学习的效果，翻转课堂上教师通过设计答疑解惑、反思知识点、问题大讨论等活动来充分检验学生课外的学习效果，及时发现问题反馈信息，有助于微课程的不断改进。

围绕教学目标，学生课外展开微课程学习，可以自定步调、自主学习、积累知识。课堂上学生在教师引导下进行知识的整理和消化，通过提出问题、反思问题、解答问题等多种形式促进学生知识的内化。

（三）翻转课堂中慕课的应用

1. 慕课的概念

慕课（MOOC），"M"代表 Massive（大规模），与传统课程只有几十个或几百个学生不同，一门 MOOC 课程动辄上万人，最多达 16 万人；第 2 个字母"O"代表 Open（开放），以兴趣导向，凡是想学习的，都可以进来学，不分国籍，只需一个邮箱，就可注册参与；第 3 个字母代表 Online（在线），学习在网络上完成，不受时空限制；第 4 个字母"C"代表 Course，就是课程的意思。慕课的核心概念就是"微课小测验、实时解答"。也就是说，慕课一般以微课或者微视频的形式表示，结合小的测试与实时解答问题。

2. 慕课的应用

慕课的引入与本土化构建，丰富了在线教育资源，慕课平台构建的网络课堂，其突出特性主要表现在以下三方面：一是开放性，体现在课程设置的开放性、学习门槛的开放性和教学师资的开放性；二是即时性，包括内容更新的即时性、学习活动的即时性、学习效果反馈的即时性以及交流互动的即时性；三是个性化，海量的课程资源以及零门槛让学习者可以根据需要选择课程，学习者可以根据自己的学习计划或者兴趣偏好决定学习的快慢、深度。

慕课作为网络课堂，其内容生产的开放性非校园课堂所能匹敌，其内容传播的广泛性和快速性也大大超过课堂教育。教育功能的实现不仅需要内容、传播和载体的支撑，更需要教学的互动互促，即师生在智慧、情感、价值观上的成长。从"教"这一端来说，慕课充分利用视频制作的跨时空、组合性、灵活性和便捷性的特点，教学形式包括出镜讲解、幕后讲解、实景授课、专题短片和访谈式教学等，其丰富程度是课堂难以达到的。但是，从"学"这一端来说，慕课教学形式的多样性难掩其学习过程的单一性。慕课所有教学都是以单一媒介——视频呈现，对于学习者来说，学习过程主要是被动型"观看"占主导，缺乏情境刺激，容易产生注意力疲劳和注意力涣散，不管是电脑固定观看还是手机移动观看，学习者和屏幕之间的学习场较弱，干扰因素较多。

教学双方通过网络进行的主要是信息传递，而缺乏体验与情感的沟通，这是网络课堂的"硬伤"，基于电子载体的网络互动（人—电子媒介—人）永远无法代替面对面的直接交流，而课堂教学创设的场域有较强的凝聚力，教师可以随时采取多种措施应对注意力涣散问题。更为重要的是，课堂教学不仅传授"显性知识"，还传达"隐性知识"，因而能够承载更为宽泛的教育功能，实现教学相长。另外，网络课堂的开放性在使学习者获得选学自由的同时也在相当程度上助长了学习的随意性：目前对慕课最尖锐的批评，恐怕就是说它是最易实施的教育形式，因为它缺少教育原则。由此看来，慕课的优势是由互联网的特性（开放性、参与性、渗透性）所赋予的，慕课对课堂教育带来一定挑战，但不能取代课堂教学。慕课的出现打破了教师—学生二元教育生态，以慕课为主要标志的网络教育平台已经迅速成为教育生态中新的独立主体。多元的教育生态需要探索深度融合的教育模式，在"互联网+"背景下，学校教育应充分认识这一变化，开掘慕课的资源优势，适当纳入课堂教学与管理体系，丰富课程内涵，优化教学模式。比如，通过对慕课优质师资的资源共享，提升教学质量；通过非主干课程的慕课引入，降低教育成本；通过慕课学习资源的利用，消化与深化知识理解，提高学习效果。而对于那些没有机会或条件接受学校教育的人群，抑或缺乏师资的某些校园课程，可以通过扩大慕课传播，共享网络教育资源。

三、基于空间的"教学做养"翻转式教学方法应用

（一）概念

基于空间的思政课程"教学做养"翻转式教学方法，即融合空间课堂学习和空间在线学习双重优势，运用精细化教学视频、立体化表格教案、情境化学习空间导航和碎片化卡片式微课资源，将"空间课堂""互动学习""实践展示"和"素质养成"多维一体化，达到既让学生在师生互动中掌握知识和能力，又能在潜移默化中提高自身素质的目的。

（二）基本内涵

第一，基于空间的思政课程"教学做养"翻转式教学方法将"教""学""做""养"多维系统化。

"教学做养"翻转式教学方法，是基于空间云平台开创的，"空间课堂""互动学习""实践展示"和"素质养成"的多维度结合。"教"即利用信息化技术进行空间课堂教学，把空间"搬"进教室，通过碎片化教学资源库、立体化表格教案、情境化学生团队活动来

展现空间教学的魅力，并通过精细化教学视频再现空间课堂的精彩。"学"，即"互动学习"，以云空间为媒介，通过师生互动把课堂拓展到 45 分钟之外，学生学到知识和技能，教师同样从学生身上获取知识，学会反思。"做"即"实践展示"，既包括学生的各类课内外实践活动，也包括教师通过网络空间积累教学资源，通过各种方式展示教学资源的活动。"养"即"素质养成"，通过一系列空间教学活动培养学生的思想政治素养和职业素养。

第二，基于空间的思政课程"教学做养"翻转式教学方法将教学资源建设和教学过程设计有机结合，扩大教学时空。

教育信息化领域的一个普遍误区是注重信息技术的开发应用和教学资源建设，缺少教学过程的设计与师生互动环节，没有真正实现探究学习、协作学习，学生利用网络课程自主学习的效果大打折扣。教育信息化本质是信息技术与教育教学的深度融合，注重面向学习过程的设计，促进学生的知识建构。从课前的下达任务，到课后的延伸拓展、交流，其间多个环节教师与学生都要通过空间进行交流，并纳入考核。这样，教师就在整个教学过程做到了有效引导、监控、评价学生的学习。

第三，基于空间的思政课程"教学做养"翻转式教学方法将传统学习优势和空间在线学习优势相结合，使学习者获得最佳的学习效果。

第四章 信息化背景下初中教学的模式

第一节 信息化教学模式概述

在信息化时代，对信息化教学模式的研究和推广，将是推动教育信息化进程的必由之路。信息化教学模式研究是复杂的系统工程，信息化教学是动态化教学过程，其发展受到诸多因素的影响，应与时俱进地探讨信息化教学模式的实施路径，但有效地运用信息化理念来开展信息化教学是时代发展需要，也是教育改革发展的必经之路。

一、教学模式认知

当前，教育技术领域研究的一项重要命题，就是如何应用现代教育技术创新教学模式。传统教学论中对教学模式有过先期研究，但是，随着信息化教学的开展及现代教育技术学科的发展，人们更多地想从技术应用的视角来创新教学模式。对于教学人员来说，创新教学模式，就必须全面把握教学模式的内涵和构成要素，才能以此为依据指导实践创新。

（一）什么是教学模式

20世纪70年代中期，美国学者乔伊斯和威尔出版了《当代西方教学模式》一书，由此将教学模式率先引进教学论研究领域，拉开了教学模式研究的序幕。20世纪80年代，我国教学理论界开始对教学模式展开研究，目前教学模式已成为一个重要的研究领域。然而，对于"什么是教学模式"这个问题，人们仍未形成一致的看法。

教学模式的概念之所以会出现多元界定，一方面是由于教学模式本身的复杂性和多样性，另一方面是由于研究者的出发点和研究视角的不同。英国传播学家丹尼斯·麦奎尔认为：模式表明任何结构或过程的主要组成部分以及这些部分之间的关系。美国比较政治学家比尔和哈德格雷夫认为：模式是再现现实的一种理论性的、简化的形式。模式有三个显著的要点：一是模式是现实的再现，即模式是现实的抽象概括，来源于现实，但终归于指导现实的改变；二是模式是理论性的形式，是一种理论，而非工艺性方法、方案或计划；

三是模式是简化的形式，是经理性高度抽象概括后，以简约明了的方式表达出来的。教学模式是指对理想教学活动的理论构造，是描述教与学活动结构或过程中各要素间稳定关系的简约化形式。简而言之，教学模式是指在一定教育理论指导下和丰富的教学经验基础上，为完成特定的教学目标和内容而建立起来的稳定且简明的教学结构理论体系及其具体可操作的实践活动方式。对于教学模式概念的理解有必要从教学模式的本质特征出发，把握教学模式理论与实践的统一、内容与形式的统一，主要体现在以下三个方面：①从教学理论层面看，教学模式是一种教学结构理论。首先，教学模式接受教学理论（思想）的指导；其次，教学模式揭示了某一教学活动所赖以建立的理论基础，对人们从理论上认识和把握教学模式起着重要的作用。②从教学实践层面看，教学模式是具体可操作的实践活动方式。首先，教学模式是教学实践（经验）的基础；其次，它揭示了与某一教学活动相适应的教学方式、程序、步骤，为人们从实践上操作运用教学模式提供了具体指导。③教学模式是教学理论与教学实践的中介和桥梁。一方面，教学模式是对教学实践（经验）的概括化、抽象化和简约化的描述，可以上升到理论层次；另一方面，尽管教学模式带有理论的概括性、抽象性和简约性，但它又不像一般理论那样抽象，而是一般理论的具体化、程序化，能以明确的和具体的方式、手段指导实践。

（二）教学模式的基本构成和特征

1. 教学模式的基本构成

（1）理论基础

理论基础是指教学模式所赖以建立的教学理论和思想，任何一种教学模式都是以一定的教学理论为基础，并在一定的教学思想指导下提出来的：离开一定的教学理论，教学模式就难以形成；离开一定的教学思想，教学模式也难以存在；而且，不同的教学理论，又会孕育出不同的教学模式；不同的教学思想，又会指导教师选用不同的模式和进行不同的操作方式。

（2）教学目标

教学目标是指教学模式所能达到的教学结果，是教育者对某项活动在受教育者身上将产生什么样的效果做出的预先估计。任何教学模式都是为了完成特定的教学目标而设计和展开的。教学目标在教学模式的构成要素中居于核心地位，对其他因素具有制约作用，也是教学评价的标准和尺度。

（3）操作程序

操作程序是指教学在时间上展开的逻辑步骤及每个步骤的具体做法等。任何教学模式都具有一套独特的操作程序和步骤。由于教学过程的设计与实施要综合考虑学生、内容、方法、媒体等多方面因素，因此，操作程序只能是基本的、相对的，而非僵化的和绝对的。

（4）实现条件

实现条件是指为完成一定的教学目标，使教学模式发挥效用所需的各种条件。教学模式的实现条件包括多方面的内容，如：教师、学生、教学内容、教学手段、教学的时空组合等。认真研究并保证教学模式的实现条件，可以更好地掌握和运用教学模式，成功地达到预期的教学目的。

（5）教学评价

教学模式运用得如何是需要评价的，因而教学评价是教学模式的一个重要因素，包括评价方法和评价标准。由于各种教学模式在目标、操作程序、策略方法上的不同，评价方法和标准也存在着差异。一种教学模式一定要规定自己的评价方法和标准。

上述五个因素具有不同的功能，它们之间彼此联系，相互蕴含，相互制约，共同构成了一个完整的教学模式。理论基础是教学模式得以建立的基础；教学目标是教学模式的核心，制约着其他因素；操作程序是教学模式的环节和步骤；实现条件保证着教学模式的有效发挥；教学评价对教学过程进行着反馈和监控。

2. 教学模式的特征

教学模式作为一种反映或再现教学活动现实的理论性、简约性的表现形式，具有以下几个基本特征：

（1）完整性

教学模式是教学现实和教学理论构想的统一，所以它有一套完整的结构和一系列的运行要求，体现着理论上的自圆其说和过程上的有始有终。

（2）指向性

由于任何一种教学模式都是围绕着一定的教学目标设计的，而且每种模式的有效运用也是需要一定条件的，因此不存在对任何教学过程都适用的普遍有效的模式，也谈不上哪一种教学模式是最好的教学模式。最好的教学模式就是在一定情况下达到特定目标的最有效的教学模式。教学过程中在选择教学模式时必须注意不同教学模式的特点和性能，注意教学模式的指向性。

（3）操作性

教学模式是一种具体化、操作化的教学思想或理论，它把某种教学理论或活动方式中的最核心的部分用简化的形式反映出来，为人们提供一个比抽象的理论具体得多的教学行为框架，具体地规定了教师的教学行为，使教师在课堂教学中有章可循，便于教师理解、把握和运用。

（4）稳定性

教学模式是大量教学实践活动的理论概括，在一定程度上揭示了教学活动具有普遍性的规律。一般情况下，教学模式并不涉及具体的学科内容，所提供的程序对教学起着普遍的参照作用，具有一定的稳定性。但教学模式是依据一定的教学理论或教学思想提出来的，而一定的教学理论和教学思想又是一定社会实践的产物，因此，教学模式总是与一定历史时期社会政治、经济、科学、文化、教育的水平相联系，受到教育方针和教育目的的制约。因此，这种稳定性是相对的。

（5）灵活性

并非针对特定的教学内容，现某种理论或思想，又要在具体的教学过程中进行操作的教学模式，在运用过程中必须考虑到学科的特点、教学的内容、现有的教学条件和师生的具体情况，进行细微的方法上的调整，以体现对学科特点的主动适应。

二、信息化教学模式认知

（一）什么是信息化教学模式

随着教学改革的不断深入，信息技术与课程整合已成为教学研究的热点。信息技术与课程整合是指在课程教学过程中把信息技术、信息资源、信息方法、人力资源和课程内容有机结合，共同完成课程教学任务的一种新型的教学方式。信息化教学模式就是信息技术与课程整合的结果，其实质是要在先进的教育思想、教育理论的指导下，把以计算机及网络为核心的信息技术作为促进学生自主学习的认知工具与情感激励工具，丰富教学环境的创设工具，并将这些工具全面运用到各学科的教学过程中，使各种教学资源、教学要素和教学环节，经过组合、重构，相互融合，在整体优化的基础上，产生聚集效应，从而达到促进传统教学方式的根本变革（也就是促进以教师为中心的教学结构与教学模式的变革）和培养学生创新精神与实践能力的目标。

信息化教学模式是根据现代化教学环境中信息的传递方式和学生对知识信息加工的心理过程，充分利用现代教育技术手段的支持，调动尽可能多的教学媒体、信息资源，构建一个良好的学习环境，在教师的组织和指导下，充分发挥学生的主动性、积极性、创造性，使学生能够真正成为知识信息的主动建构者，达到良好的教学效果。信息化环境下的教学既是对传统教学的继承，同时也是对信息技术环境下教学新模式的探索与建构过程，是各类教学模式的结构成分与信息技术应用条件的"整合"过程；教师是教学模式的实践者和创造者，丰富多变的实践情境是教学模式创新的源泉；信息技术为教学模式的发展提供了丰富的资源、工具以及交流与合作平台。

（二）信息化教学模式的基本特征

信息化教学模式的关键在于从现代教学媒体构成理想教学环境的角度，探讨如何充分发挥学生的主动性、积极性和创造性。以计算机为主的现代教学媒体（主要指多媒体计算机、教学网络）的出现丰富了教学媒体的构成，使传统的教学环境呈现出交互性、多媒体性、超文本性和网络性等多种现代教学特性。这些特性改变了学习者的学习地位，使其能够从真正意义上探索知识，实现知识意义的主动建构。在信息化教学模式中，教师从知识的灌输者和课堂的主宰者转变成课堂教学的组织者、指导者和学生意义建构的帮助者、促进者。一般来说，信息化教学模式具有如下特点：

1. 信息源丰富，有利于学习情境的创设

现代教育技术手段为课堂教学提供的教学环境，使得课堂上信息的来源变得丰富多彩，教师和课本不再是唯一的信息源，多种媒体的运用不仅能够扩大知识信息的含量，还可以充分调动学生的多种感官，为学生提供一个良好的学习情境。

2. 新型教学活动形式，有利于提高学生的主动性和积极性

随着现代教育技术手段的加入，尤其是多媒体计算机和网络的引入，教师的主要工作不再是向学生传递知识信息，而是培养学生自主获取知识信息的能力，指导学生的学习探索活动，让学生主动思考、探索和发现，从而形成一种新的教学活动形式。在这种教学活动形式中，学生有时也会处于"传递—接受"式的学习状态，但更多的是在教师指导下自主思考与主动探索；教学媒体有时作为辅助教学的教具，但更多的是作为学生自主学习的认知工具；而教材既是教师向学生传递的内容，也是学生建构知识和认知的对象。这种新型的教学活动形式有利于提高学生的主动性和积极性。

3. 个别化教学，有利于因材施教

计算机的交互性为学生提供了个别化学习的可能，学生可以通过多媒体技术完整呈现学习的内容和过程，自主选择学习内容的难易程度和进度，并随时与教师、同学进行交流。在现代教育技术手段所营造的信息化学习环境中，学生可逐步摆脱传统的教师中心模式，由被动学习变为主动学习，有利于因材施教。

4. 互助互动，有利于实现协作式学习

计算机的互动特性和网络特性有利于实现培养合作精神、促进高级认知能力发展的协作式学习。信息化学习环境下，学习者之间通过协同、竞争或分角色扮演等多种互动形式

来参与学习，对于问题的深化理解和知识的掌握运用具有重要意义，而且对高级认知能力的发展、合作精神的培养和良好人际关系的形成也具有明显的促进作用。

5. 超文本信息组织方式，有利于培养创新精神和信息能力

多媒体的超文本特性与网络特性的结合，为培养学生的信息获取、分析与加工能力营造了理想的环境。众所周知，互联网是世界上最大的知识库、资源库，它拥有最丰富的信息资源，而且这些知识库和资源库都是按照符合人类联想思维的超文本结构组织起来的，因而特别适合于学生进行"自主发现、自主探索"式的学习，有利于学生发散性思维、创造性思维的发展和创新能力的培养。

第二节　基于问题的探究式教学模式

一、基于问题的探究式教学模式认知

基于问题的探究式教学改变了传统的课堂教学将知识从生活中分离出来的弊端，让学生在真实情境中学习，将知识和技能直接迁移为解决现实问题的能力，使学习从此变得有意义。"探究"就是"通过质疑寻求真理、信息和知识的过程"，探究式教学就是让学生投入问题活动之中。这些问题提供有意义的活动机会，让学生在真实的背景中解决问题，培养高级思维。探究式教学模式的学习对象（即学习主题）是教材中的某一个或某几个知识点，且任何教材都是由一节节的课程内容组成的，而每一节课程内容又总是包含一个或几个知识点。这就表明，几乎所有日常教学活动（包括各种不同学科的常规课堂教学活动）都可以采用这种模式。事实上，基于问题的探究式教学模式，目前已经成为能满足各学科常规课堂教学需要的、最有效也是最常用的课内整合模式之一。

基于问题的探究式教学模式是指在教学过程中，学生在教师的指导下，通过以"自主、探究、合作"为特征的学习方式，对当前教学内容中的主要知识点进行自主学习、深入探究并进行小组合作交流，从而较好地达到课程标准中关于认知目标与情感目标要求的一种教学模式。其中，认知目标涉及与学科相关的知识、概念、原理与能力的理解与掌握，情感目标则涉及感情、态度、价值观与思想品德的培养。在实施信息技术与课程深层次整合的过程中，各学科知识与能力（如：阅读、写作、计算、看图、识图、实验以及上机操作等能力）的培养以及健康情感、正确价值观与优秀思想品德的形成，都可通过该教学模式使之逐步落实。

二、基于问题的探究式教学模式的基本特征

基于问题的探究式教学模式的基本特征可以用一句话来概括，"主导、主体相结合"，既重视发挥教师在教学过程中的主导作用，又充分体现学生在学习过程中的主体地位。具体表现在以下两个方面：

（一）高度重视教师在教学过程中的主导作用

尽管基于问题的探究式教学模式主要采用"自主、探究、合作"的学习方式，在教学过程中强调学生的自主学习和自主探究，但是它并不忽视教师在教学过程中的主导作用，相反，它通过下面四个环节使教师的主导作用在整个教学过程中得到全面的发挥。

1. 当前探究性学习的对象要由教师确定

探究式教学模式的教学总是围绕课程中的某个知识点（即探究性学习的对象）而展开的，到底是哪个知识点不是随意确定的，更不能由学生自由选择，而是由教师根据教学目标教学进度来确定的。

2. 进行探究之前的启发性问题要由教师提出

学习对象确定后，为了使探究性学习切实取得成效，需要在探究之前向全班学生提出若干富有启发性、能引起学生深入思考并与当前学习对象密切相关的问题（以便全班学生带着这些问题去探究）。这一环节至关重要，所提出的问题是否具有启发性、是否能引起学生的深入思考，这是探究性学习能否取得效果乃至成败的关键，而这类问题必须由教师提出，也只能由教师提出（学生对当前学习对象初次接触，尚不了解，不可能由他们自己提出与当前学习对象密切相关又富有启发性的问题）。

3. 进行探究时要由教师提供多方面的帮助与指导

带着问题进行探究的过程，固然是由学生个人（或学习小组）去完成的，但在这一过程中需要教师提供有关的探究工具（例如几何画板、建模软件、仿真实验系统等）和相关的教学资源支持，以及对探究性学习中的方法、策略做必要的指导。如果这方面的学习支持与指导不落实、不到位，将会挫伤学生的学习信心与学习积极性，使探究性学习的效果大打折扣，甚至完全落空。

4. 探究过程完成后要由教师帮助总结与提高

探究过程完成后，一般要先由学生个人（或学习小组）做总结，而不是直接由教师做总结。通过一次探究性学习虽然能取得不小的收获，但学生毕竟是初学者，总结起来难免有片面甚至错误之处，通过全班的讨论交流，集思广益、取长补短，在一定程度上可以克

服这些片面甚至错误之处。不过，如果要让全班学生都能对当前的学习对象达到比较深入的理解与掌握，即对所学的知识点都能从感性认识上升至理性思辨，都能做到不仅知其然而且知其所以然，那就还需要教师的帮助。毕竟和学生相比，教师对整门课程有比较全面、透彻、深入的把握，可以做到高屋建瓴。

（二）充分体现学生在学习过程中的主体地位

基于问题的探究式教学模式因为采用"自主、探究、合作"的学习方式，所以在教学过程中特别强调学生的自主学习和自主探究，以及在此基础上实施的小组合作学习活动。由于在此过程中，学生的主动性、积极性乃至创造性都能普遍地得到比较充分的发挥，因而这种教学模式不仅可以较深入地达到对知识技能的理解与掌握，更有利于创新思维与创新能力的形成与发展。

但是，为了使探究性教学真正取得成效，除了要充分调动学生的主动性、积极性，还需要有若干富有启发性问题的启发与引导，要有相关"探究工具""教学资源""策略"的帮助与支持，而这些都离不开教师主导作用的发挥。由此可见，探究式教学模式要想真正成功实施，光有学生方面的主动性、积极性还是不够的，还需要有教师方面的引导、帮助与支持。换句话说，基于问题的探究式教学模式的成功实施涉及两个方面，既要充分体现学生在学习过程中的主体地位，又要发挥教师在教学过程中的主导作用，离开其中的任何一方，探究性学习都只能无果而终。正因为如此，我们才认为"主导、主体相结合"是这种教学模式的最本质的特征。

三、基于问题的探究式教学模式结构

（一）创设情境

创设情境不仅是教师导入教学主题的需要，也是激发学生的学习动机和自主探究动机的需要。教师创设情境的方法多种多样：可以设置一个待探究的问题（此问题的解决须运用当前所学的知识），也可以播放一段与当前学习主题密切相关的视频，或是朗诵一首诗歌、播放一段乐曲、讲一个生动的小故事、举一个典型的案例、演示专门制作的课件、设计一场活泼有趣的角色扮演。当然，所有这些活动都应有一个先决条件，必须与当前学习主题密切相关，否则达不到创设情境的目的。教师通过上述各种方法创设能激发学生学习动机和探究动机的情境，学生一旦进入教师创设的情境就可在情境的感染与作用下形成学习的心理准备，并产生探究的兴趣。

（二）启发思考

通过情境的创设激发起学生的学习兴趣和探究动机之后，教师应及时提出富有启发性而且能涵盖当前教学知识点的若干问题（切忌提出一些有明显答案或明知故问的问题），让学生带着这些问题去学习和掌握有关的知识、技能。这一过程也就是主动地、高效地完成当前学习任务的过程。在问题思考阶段，教师对于学生应当如何解决问题、应当利用何种认知工具或学习资源来解决问题，以及应当如何利用这些工具及资源，包括如何处理在探究过程中遇到的新问题等，都应给出具体的建议和指导；学生则要认真分析教师提出的问题、明确自己所需完成的学习任务，并通过全面思考形成初步的探究方案。

（三）自主探究

在实施这一步骤的过程中，学生利用教师提供的认知工具和学习资源，或是利用在教师指导下从网上或其他途径获取的工具和资源，围绕教师提出的与某个知识点有关的问题进行自主探究。这类自主学习与自主探究活动包括：学生利用相关的认知工具（不同学科所需的认知工具不同）去收集与当前所学知识点有关的各种信息；学生主动地对所获得的信息进行分析、加工与评价；在分析、加工与评价基础上形成的、学生对当前所学知识的认识与理解，即由学生完成对当前所学知识意义的自主建构。在学生进行自主学习与自主探究的过程中，教师应密切关注学生的学习与探究过程，并要适时地为学生提供如何有效地获取和利用认知工具、学习资源以及有关学习方法策略等方面的指导。

（四）协作交流

为了进一步深化学生对当前所学知识意义的建构，应在自主探究的基础上，组织学生以讨论形式开展小组内或班级内的协作与交流——通过共享学习资源与学习成果，在协作与交流过程中进一步深化学生对当前所学知识的认识与理解。教师在此过程中应为学生提供协作交流的工具，同时要对如何开展集体讨论、如何面对小组成员的分歧等协作学习策略做适时的指导，而且教师在必要时也应参与学生的讨论和交流（不能只做场外指导）。协作交流的过程不仅是学生深入理解知识与情感内化的过程，也是学生了解和掌握多种学习方法的过程。

（五）总结提高

总结提高是实施探究式教学模式的最后一个步骤，其目的是通过师生的共同总结来补充和完善。全班学生经过自主探究和协作交流这两个阶段以后，对当前所学知识的认识与理解方面仍然存在的不足，需要更全面、更深刻地达到与当前所学知识点有关的教学目标的要求（包括认知目标与情感目标这两方面的要求）。在实施这一步骤的过程中，学生的活动包括讨论、反思、自我评价、相互评价；教师的活动包括点评学生的学习情况、提出与迁移拓展有关的问题并创设相关情境、对当前所学知识内容进行概括总结（以帮助学生了解当前所学知识点与其他相关知识点之间的内在联系）。其中"提出与迁移拓展有关的问题"，可以要求学生应用所学知识去解决某个问题，也可以要求学生应用所学知识去完成某项作品。

第三节 任务驱动教学模式

任务驱动教学模式借助信息技术环境被广泛应用于多种学科的课堂教学中，改变了传统的课堂教学结构，使学生在亲身体验和实践的任务活动中，实现知识内容的自主习得和知识意义的建构。任务驱动教学是在建构主义学习理论的基础上提出的。建构主义学习理论强调：学生的学习活动必须与任务或问题相结合，以探索问题来引导和维持学习者的学习兴趣和动机，创建真实的教学环境，让学生带着真实的任务学习以使学生拥有学习的主动权；学生的学习不单是知识由外到内的转移和传递，更应该是学生主动建构知识经验的过程，通过新知识经验和原有知识经验的相互作用，充实和丰富自身的知识和能力。

一、什么是任务驱动教学模式

任务驱动就是将所要学习的新知识隐含在一个总体任务与多个子任务之中，学生通过对教师提出的任务进行分析、讨论，明确任务涉及哪些知识点，并指出哪些是重点、难点，在教师的指导和帮助下，紧紧围绕一个共同的实际任务活动中心，在强烈的问题动机的驱动下，通过对学习资源积极主动的运用，进行自主探索和相互协作的学习，并在完成既定任务的同时，引导学生产生一种学习实践活动。任务驱动是实施探究式教学模式的一种教学方法，从学习者的角度说，任务驱动是一种学习方法，适用于学习操作类的知识和职业技能。任务驱动教学使学习目标十分明确，适合学生特点，使教与学变得生动有趣、易于接受。任务驱动的主要特点之一就是围绕任务展开教学，所以一个任务的设计、编写非常重要，既要注重方法和知识体系，还要注重融入职业技能的文化性、综合性，渗透其他学科知识。

所谓任务驱动教学模式，就是学生在教师的指导下，紧紧围绕某个共同的任务，在强烈的任务动机的驱动下，自主探究、协作学习，从而在任务完成的过程中，实现对所学知识的意义建构并提高分析问题和解决问题能力的一种教学模式。

在这种教学模式中，教师巧妙地设计教学任务，将学生要学习的新知识隐含在一个或多个任务之中，学生通过对任务进行分析、探究，寻求完成任务的途径和方法，最后通过任务的完成实现对所学知识的意义建构。同时，学生在任务的驱动下和学习的过程中，培养了创新意识和创新能力，并提高了分析问题和解决问题的能力。

二、任务驱动教学模式的基本特征

任务驱动教学模式的基本特征是"以任务为主线，以教师为主导，以学生为主体"。

（一）以任务为主线

在任务驱动教学模式中，任务的设计处于核心位置，任务贯穿于整个教学过程。从任务的典型特征来看，任务大致可以划分为两类：一类是封闭型任务，另一类是开放型任务。封闭型任务主要侧重于围绕确定的任务类型和任务主题，以促进学生掌握关键性的知识和技能为目标；开放型任务主要侧重于围绕不确定的任务类型或任务主题，以综合培养学生问题意识和创新能力为目标。任务的真实性和趣味性决定了学习者的学习兴趣，任务的综合性和开放性能够培养学习者的创新思维，任务还应具有目标指向性和可操作性，以便于学生探究；整个教学模式就是围绕任务的创设、完成、总结与评价来进行的。

（二）以教师为主导

在任务驱动教学模式中，教师的主导作用体现在以下几个方面：①任务的设计者：教师围绕教学目标的具体要求，设计出合适的任务。②任务情境的创设者：创设情境是任务完成的前提，需要教师创设有利于完成任务的情境。③任务过程的指导者：教师在学生完成任务的过程中及时提供必要的指导和帮助。④任务完成的评价者：教师要对学生完成任务的情况进行适当的评价。⑤课堂的监控者：实时了解学生完成任务的情况，全面引导学生朝着完成任务的方向努力。

（三）以学生为主体

在教学实践中，学生的主体性主要表现为自主性、创造性和协作性。任务驱动教学模式有助于发挥学生的主体性，具体表现为以下几个方面：

1. 提高学生自主探究的能力

任务驱动教学模式将学生置于与当前学习主题相关的、尽可能真实的学习情境中，有效激发学生的学习兴趣，驱使学生主动探究和发现，完成有关知识的建构，从而提高学生

自主探究的意识和能力。

2. 促进学生创造能力的发展

任务驱动教学模式使学生从实际出发，提出问题、分析问题、解决问题，在解决问题过程中建构知识和掌握技能。在完成任务的过程中，学生可以根据自己的理解，自由选择解决问题的方法和途径，通过多角度、多方位的思考，可以有效地促进学生创新思维和创造能力的发展。

3. 培养学生的协作交流精神

教师设计的任务，既有独立完成的任务，又有协作完成的任务。所以，学生在完成任务的过程中，需要和教师、同学进行协作与交流，不断调整、完善自己的观点，以促进任务的有效完成。该模式还能进一步培养学生的协作精神。

三、任务驱动教学模式结构

（一）创设情境，提出任务

从建构主义学习理论的观点来看，学习总是与一定的"情境"相联系的，因为在"情境"的媒介作用下，那些生动、直观的形象才能有效地激发学生的联想，唤起学生原有认知结构中有关的知识、经验及表象，从而使学生利用有关知识与经验去"同化""顺应"所学知识，发展能力。因此，教师需要创设与当前学习主题相关的，尽可能真实、生动、开放的任务情境。在情境的烘托下，教师选择与当前学习主题密切相关的真实性事件或问题（任务）作为学生学习的中心内容，使学生明确所要完成的学习任务及任务所含的学习目标。

（二）共同讨论，分析任务

给出任务之后，教师就需要与学生一起讨论、分析任务，提出完成任务需要做哪些事情，需要解决哪些问题，这些问题可以在教师的引导下由学生提出，也可以结合实际情况由教师主动提出，但必须采用由粗到细、逐步求精的方法。需要指出的是：对于某些任务，在本阶段不可能把所有的问题都一次性提出来，对于一些任务中存在的问题，学生也许只能在探究的过程中逐步发现，甚至许多问题都是以前没有学习过的，教师则有必要引导学生完成新旧知识的衔接和拓展，这也正是解决这个任务的关键所在。

（三）探究协作，解决任务

针对学生发现的问题，教师要引导学生提出解决问题的各种可能和想法，并形成正确的解决问题的思路和计划。这里并不是由教师直接告诉学生应该如何去解决面临的问题，而是由教师向学生提供解决该问题的有关线索，如：向学生提供各种认知工具和学习资源，或者向学生提供工具和资源的获取途径和方法。如果学生需要在课后完成任务，教师也可以借助于 E-mail、QQ、微信等信息交流工具给学生提供必要的指导和帮助，强调发展学生的自主探究能力。同时、教师应鼓励学生之间合作、交流和讨论，通过不同观点的交锋，补充、修正、加深每个学生对当前问题解决方案的理解。

（四）评价反思，总结任务

任务驱动教学是具有反思性质的活动。在任务完成后，学生应以自我为参照进行评价，比如："学会了什么""明白了什么""掌握了哪些方法""还须改进和注意的地方"等。学生除对个人的探究行为和结果进行自评外，还须对与他人的协作交流活动进行评价，总结经验找出不足。通过反思，学生获得了知识，并完善了个人的知识体系。

教师则有必要对整个任务驱动教学过程做出评价：一是对学生完成当前任务的过程和结果的评价；二是对学生自主探究和协作交流能力的评价。值得注意的是：教师在总结任务的同时要给予学生中肯的评价和鼓励，使每个学生都能体验到成功的快乐。

从实施程序上看，任务驱动教学模式和探究式教学模式都是由问题或任务出发，由教师引导学生进行自主探究、协作交流，在解决问题的过程中获得知识的建构和综合能力的提升。但相对而言，任务驱动教学模式更强调任务的真实性、趣味性和综合性，更注重围绕任务中心激起学生完成任务的内驱力。

第四节　互动式教学模式

一、信息化环境下互动式深度教学要点分析

（一）信息化环境下互动教学的特征

以学生为中心进行教学设计是信息化环境下互动教学最大的特点，这样的课堂尤其善于利用信息化工具创设情境，关注教学主体之间的互动及其影响，培养学生运用信息技术工具和资源获取、处理、加工和发布信息的能力。总体来说，信息化环境下互动教学的特征有以下几个方面：

1. 资源共享性

信息技术让课堂不再受空间限制，实现了学习资源的互通和共享，为学习者提供了多样化的学习资源，如：微课、图片、音频、PPT、文档等，帮助学生快速融入课堂教学活动当中。

2. 形式多样性

信息化环境下互动教学的形式多样性主要体现在组织形式的多样性、互动形式的多样性和组合形式的多样性三个方面。组织形式多样性是指信息化环境下支持教师开展集体教学、自主探究、小组合作、个别化学习等多样化的教学方法；互动形式多样性是指信息化环境可以实现教学主体之间、教学主体与技术、资源和环境之间等多种形式的互动，包括对话、讨论、协作、辩论、游戏、反馈评价等；组合形式多样性是指教学组织形式、互动形式可以单独进行，也可以配合进行，要求老师在综合考虑教学目标、学情和信息化资源环境等基础上，精心设计教学活动，选择实施教学的最佳方案，并动态地根据课堂情况、反馈信息调整教学组织形式或互动形式。

3. 反馈及时性

信息化教学环境支持多种教学软件辅助教学，可实现及时地测评反馈，阶段性的诊断，动态地了解学生的学习情况，并及时做出教学改进和调整，从而提升教学效果。

4. 叠加整合性

信息化环境下的互动教学并非完全抛弃了传统课堂教学的手段和方式、方法，而是延续传统教学的优势，在新理论、新技术的支持下构建自己的体系，呈叠加整合状态。

（二）信息化环境下互动教学的要素

互动教学中所有互动都围绕教学主体开展，教学内容也是互动教学中不可或缺的重要因素。在信息化环境下，除了教学主体和教学内容等互动教学过程中的因素以外，技术、资源以及由此形成的物理和心理环境也是构成互动教学的重要组成部分。可见，信息化环境下互动教学的开展与实施离不开各要素之间的良性互动，所以，分析信息化环境下的互动教学首先应该定义好信息化环境下互动教学的要素。从文献综述可以发现，传统课堂的互动主要涉及教学主体，即教师、学生之间的互动，而人与技术、资源、环境等互动较少涉及。在借鉴前人研究的基础上，这里将信息化环境下互动教学的要素分为人、技术、资源和环境四个要素。

1. 人的要素

教师和学生是互动教学的主要参与对象。在传统教学中，教师多以讲授、演示等形式扮演着知识的传递者和课堂操控者的角色，而学生大多时候扮演的是遵从者、聆听者，甚至忍受者的角色，从整体上讲传统课堂中真正的教学互动是简单的，甚至是缺乏的。信息技术支持的教学环境为课堂互动注入了新的活力，让人与人的互动变得多元、立体。首先，信息技术环境对教师提出了更高的要求，教师不仅需要具备学科知识和技能，更要提升自身的信息化能力。其次，学生的主体地位得以彰显，强调学生个体与小组、与群体、与教师，甚至与场外专家之间建立互动机制。由此可见，课堂当中教学互动的形式也随之发生变化。

信息化环境中互动教学的角色关联变得丰富起来。在信息化环境中，移动终端、展示屏、视频连线系统等使得参与教学互动的角色构成发生了变化，让小组合作学习、个体独立学习、班级集体学习、场外专家指导学习等成为可能，构建起了以人为中心的立体互动模式。

2. 技术的要素

投影、粉笔、黑板等是传统课堂中常见的媒体技术，而技术增强的信息化教学环境主要运用技术的互动性来设计互动教学，比如运用这些技术来演示某些教学现象，为教师和学生提供更好的学习体验，提高课堂互动的频率和效果。如：成都七中育才学校建立的信息化教室，运用"未来课堂"交互系统、多屏显示系统、无线投屏系统、交互式一体机、师生移动终端、IRS反馈器等实现人与技术多种形式的互动。信息化教室为师生创设了技术支持的高互动教学环境，显著提高了课堂参与度，通过技术互动，学习诊断和测评反馈更加及时，能够帮助师生更加及时、精准地调整教学和学习。

3. 资源的要素

教学资源是信息化环境下开展互动教学的重要组成部分。教学设备在网络环境中实现互联互通，让教学资源的获取、处理和共享变得高效、便捷，由此，课堂中的资源不再仅局限于课前预设的资源，而是表现为动态的、生成的资源。例如，成都七中育才学校建设的信息化教室课堂教学中，可通过"未来课堂"系统进行资源的传输和共享，也支持点阵笔或触摸屏进行书写批注，实现原笔迹保存和记录学习过程，生成新的资源，方便课后回顾和继续学习。长此以往，这些预设的、生成的资源通过科学分层分类，形成了资源套件和学习路网，更有助于教师的教和学生的学。

4. 环境的要素

教学环境是开展互动教学的物质基础，班杜拉的心理学研究表明，环境会对人的行为产生一定的影响。所以，信息化教学环境的设计和建设非常重要，它与互动教学的效果密切相关。信息化教学的环境要素主要分为两个方面：物理环境和互动主体的心理环境。一般情况下，物理环境包括教室的温度、明亮程度、桌椅和颜色搭配等，总的说来，应该是安全、舒适、令人愉悦的。互动主体的心理环境是指人性化的物理环境设计会直接影响教学主体的心情，为师生营造舒适的学习环境和充满生机的教学氛围，有助于建立良好的师生关系，促进师生情感的互动和交流。

（三）信息化环境下的互动深度

信息化环境下的互动教学主要在各要素之间形成互动关系，如：教学主体与资源、与环境、与自身、与其他教学主体等。

按照互动的深度，我们可以简单地将互动分为深度互动和浅层互动。无论何种形式的互动，都涉及四个基本问题：为何互动、互动什么、如何互动、互动得怎样。为何互动指向互动的目的，互动什么主要关注互动的内容，如何互动关注互动方式和过程，互动得怎样主要指互动的结果。

在互动的目的层面，深度互动指向深层动机，即内在动机；浅层互动指向浅层动机，即外在动机。在互动内容方面，深度互动指向知识内核，即知识背后蕴含的深层意义；浅层互动指向表层知识，即知识的符号形式。在互动方式维度，深度互动指在实践参与中进行问题解决，浅层互动指向简单的知识获得。在互动过程维度，深度互动指向互动主体的切身体验与高阶思维，浅层互动指向互动主体的信息加工与低阶思维。在互动的结果维度，深度互动指向互动主体的深度理解和实践创生，浅层互动指向互动主体的表层理解和机械运用。总体而言，深层动机、情思涌动、深刻理解、切身体验和自我创生是深度互动的五个基本特征。还可以从深度互动的驱动、深度互动的维持和深度互动的促进三个方面进行分析。

1. 深度互动的驱动

信息化教学环境可以提供学情诊断、创设交互教学情境，从深度互动发生的机制上看，依据科学、准确的学情诊断创设的交互教学情境可以激活教学主体互动的深层动机，进而驱动深度互动的发生。例如，信息化教学环境可以记录学生的学习行为，可以对学生的先验知识水平进行评估，诊断学生的学习动机和学习情绪。同时，信息化环境还可以根据上述分析，为学生创设符合学习内容的情景，提供最适宜的虚拟环境，优化学习体验，为深度互动的发生奠定基础。

2. 深度互动的维持

最重要的两个维持力量是教学主体的切身体验和高阶思维。信息化环境可以提供互动主体的交互工具，支持学习者与他人、资源、环境和技术等进一步发生互动。例如，几何画板能够给理解数学图形变化的过程带来实践体验；不局限于教室范围的在线交流鼓励学生形成批判、反思思维；思维导图帮助学生梳理知识体系，有助于形成整合思维等。

3. 深度互动的促进

深度互动发生之后，信息化教学环境可以提供教学过程中的大量数据，并对其进行深度挖掘，比如对学习者未来学习需求的预测；也可以根据分析结果，对潜在的浅层交互或边缘交互进行干预。信息化环境为各类交互提供服务支持，从而促进深度互动的发生，保证深度互动的效果。

（四）信息化环境下深度互动的价值

信息化环境下的教学深度互动具有明显的价值，主要体现在深度互动能够引发深度教学、深度互动关注学习发生的内在机制、深度互动呼唤新型师生关系、深度互动彰显人的全面发展本质等四个方面。

1. 深度互动引发深度教学

信息化教学是人们对教育的新诉求，信息化环境下的深度互动更是与深度教学的发生紧密相连。深度互动催生深度思维，深度思维引发深度教学，而深度教学反过来又促进深度互动的再次发生。深度思维具体表现为对知识信息的深度加工、对复杂概念的深度理解，以及高阶思维的形成。

信息化教学环境为学习者提供了丰富的学习资源、多重感官体验，能够感知学习者的需求，并提供自适应的学习途径。在深度互动的过程中，形成了高阶思维。如：催生了批判性思维，强调学习者的主体性，不盲从教师，不仅限于知识的消费，倡导从怀疑到实践，从而实现知识的创造；催生了反思性思维，是学习者自我的深度互动，对信息化环境中的触发性事件带来的意义、观点进行感知与辨识。有些时候，学习者在学习中学到的是一种意会知识，比如：在情境交流中进行的深度互动，学习者将接收到的消息进行内化转化为自己的知识，这个过程中存在知识信息的深度加工。对概念的理解除了对事物特有的属性，即其内涵的把握以外，还需要理解概念的外延，也就是具有特有属性的那类事物。深度互动发生时，学习主体在进行概念交互的过程中，会从自身的认知层面理解事物的本质，从而总结出概念。同时，新旧概念进行交互，学习主体通过调节自身内部结构以适应新概念带来的不平衡状态，再通过内化达到认识上的适应，形成自己对复杂概念的理解。

2. 深度互动关注学习发生的内在机制

对学习发生的内在机制的研究其实就是对学习是如何发生的过程的研究。通过对学习者学习行为的观察可以从外在行为上看到其经过学习发生的变化，但是其内在过程并不能观察到。深度互动的过程便是学习主体学习的过程，研究深度互动可以研究学习发生的内在机制，可以研究到学习的本质，更有助于采取有效措施来促进学习。

而活动与体验是深度互动的一种重要形式。学生的学习，不是被动地接受知识灌输，也不是盲目地试错，而是通过主动的、有目的的活动，来学习知识、体验学习知识的过程，学生需要全身心投入，成为教学活动的主体，学习才能真正发生。信息化环境为师生提供了"活动"的机会，学生可以在创设的虚拟情境中亲身经历，获得丰富的体验感受，这个过程就是学习者主动探索、发现、经历知识形成的过程，是学习发生的内在机制。

3. 深度互动呼唤新型师生关系

师生互动是最基本、最常见的教学互动形式，平等对话的师生关系能够达到最大化师生互动的效果。平等的深度互动将教师和学习者的关系对等起来，师生在互动的过程中，无论从知识结构、经验、阅历，还是从文化、精神境界等多个方面都能够进行深层次的互动。教师和学生双方在深度互动的过程中能够获得不同的人生感悟和体验，实现共同的全面发展。

所以，深度互动呼唤新型的师生关系。新型的师生关系包括尊敬师长爱护学生、民主平等、教学相长和心理相容。尊师和爱生是相互促进的，通过学生尊敬教师可以激发教师更加努力地工作，为学生创设更好的学习氛围，教师通过关爱学生可以得到学生真心的信赖和尊重。新型师生关系中的民主平等是指教师和学生之间、学生和学生之间的民主平等。而教学相长是指教师的教能够促进学生的学，教师可以向学生学习，学生可以超过教师等。心理相容主要表现在教学过程中教师和学生的关系密切，情感融洽，平等合作。

4. 深度互动彰显人的全面发展本质

学习不是简单的识记，还有新知识对原有知识结构的冲击，通过融入，最终形成新的知识框架。深度互动促进了学习者的自我建构，使得自我建构的过程存在并贯穿在深度互动的全程。教学主体通过深度互动，加深了对知识、思维的理解，甚至塑造和再生，让深度教学得以发生。

素质教育的价值追求，在于实现人本身的价值追求，即彰显人的全面发展。在信息化环境中，教师和学生通过资源平台或者虚拟学习社区进行互动，比如：在线上课堂、个人学习空间、班级学习空间中进行解决问题，彼此形成相互促进和相互影响的关系，养成独特的价值观和行为方式，最终实现持续学习、终身学习，彰显人的全面发展。而深度互动是保证师生之间深度教学真正发生的关键因素，可见，深度互动可以彰显人的全面发展本质。

二、信息化环境下初中互动式深度教学的设计

（一）信息化环境下初中互动式深度教学模式的建构

以人、资源、环境和技术四个要素的互动为基础，信息化环境下初中互动式深度教学

涵盖了课前导学互动、课中授导互动、课后交流互动三个阶段。

信息化环境下开展初中互动式深度教学具有以下五大优势：将前置学习与深度建构结合起来；将线上互动与线下互动结合起来；将集体学习、协作学习与个性化学习结合起来；将弹性认知与认知工具（概念图、思维导图、模型图等）结合起来；将终结性评价和形成性评价结合起来。所以，信息化环境下深度互动的课堂是师生心灵交融、课堂层层推进，能增进学生理解和建构知识、学会学习的有效课堂。

（二）信息化环境下初中互动式深度教学的设计

1. 课前——导学互动

教师根据教学目标和教学内容设计导学案，开展前置学习。将部分容易理解的原理性知识以微课（教材助读型、作业评讲型、方法指导型、知识归纳型、公益讲座型等）为载体，通过"未来课堂"平台推送给学生，并在导学案中布置前置学习任务。充分利用信息资源，进行自主学习、个性化学习，在学习中发现真实的问题，选择学习的任务，明确学习的责任。例如，学生运用信息化学习终端录制朗诵的音频材料；通过思维导图工具提前归纳和概括文章的中心要点等；通过在互联网中搜索和查找资源，整理教学相关的图片、音视频等材料。学生将前置学习的结果通过平台提交给老师，学生学习的轨迹在无意识中被记录下来。一方面其作用是让学生在课堂学习前对教学内容有一定的了解，也让自身的薄弱点变得清晰；另一方面，教师通过导学案的检测，可以了解学生的知识水平，以便科学、精准的调整教学策略。

在课前导学的过程中，师生在信息化环境下，利用资源平台开展互动教学，教师方面包括微课、导学案、练习题等学习资源的推送，学生学习数据的采集；学生方面包括前置学习的自我检测，在平台上进行持续地讨论与分享；在技术层面为师生提供及时的学情诊断，创设互动的教学情境。

2. 课中——授导互动

在课前导学的基础上，课中以互动为形式，通过与他人、与自己、与资源、与技术、与环境的互动，深度参与，建构生成，深度发展。

3个阶段：启发阶段、互动阶段和自主阶段。

启发阶段是互动的前提。在教学设计的基础上，教师利用信息化工具和环境，创设情境，激发兴趣，引导学生进入学习情境，做好进一步学习的准备工作。互动阶段互动的主要过程，分为外互动和内互动，外互动是指学生在创设的情境中通过问答、讨论、协作、评定反馈等互动获得大量信息；内互动是指学生将外互动获得的信息转化为自己的内在信

息，为创新实践做基础。自主阶段是互动的目的。学生通过充分的参与和切身体验，发展实践创新的核心素质。

6个环节：创设情境、确定任务、小组合作、交流共享、阶段测评和总结拓展。

创设情境是第一个环节，是在课堂教学的启发阶段，教师为了引入新知识，借助图片、视频、游戏等直观教学手段设置情境，进行课堂导入，启发学生的想象力，激发学生的好奇心。确定任务是指教师通过共享屏幕或借助教学平台等工具提供与教学内容相关的任务信息，任务具有不同难度梯度，驱使学生逐层深入，通过自己的观察或讨论得出任务的解。小组合作是指教师根据前面实际的教学活动情况，可利用 IRS 互动反馈系统中的分组功能将学生分成若干小组，布置小组合作学习的任务，最后通过学生移动终端提交作业，教师点评。交流共享环节是在学生完成小组合作之后，教师组织学生开展小组学习成果展示与交流活动，教师可通过信息化互动平台了解学生的任务完成情况，并选择有代表性的小组进行展示和讲解。阶段评测是指教师在教学过程中发布随堂练习，以检查学生的阶段学习效果，并根据检测结果的反馈，及时发现问题做好补救措施。总结拓展环节，总结就是对新知识的再次强调，让学生能够更深刻地理解并记住所学的知识内容，加强学生知识应用和迁移的能力。

上述教学流程只是信息化环境下初中互动式深度教学设计的一般流程，但并非只有一种可能，可以根据教学环节的不同阶段来进行整体设计和选择，一堂课可以整合多种互动教学活动的流程。因为互动教学设计并不是某种固定的设计，而是随着不同的课程、不同的教学目标、不同的教学对象等有选择地自由组合上述几种互动教学活动设计。

3. 课后——交流互动

课后阶段，教师可通过平台为学生做针对性较强的辅导或课后练习，学生可以通过移动终端与教师进行及时的互动，解决学习过程中遇到的问题并攻克教学重难点。也可以利用预设和课中生成的资源，辅以不同内容的微课，以建构生成为目的，对教与学进行概括与反思，以形成教的经验和改进的策略，对所学知识进行结构化、模块化、系统化处理。

（三）信息化环境下初中互动式深度教学的实施策略

教学互动是教学的一种方式，也是教学过程发生的重要表现，信息化环境中教学深度互动的发生是教学效果的重要体现，同时，深度互动的发生也是深度教学发生的重要表征。

1. 任务探究式策略

一般流程：任务呈现—个体尝试—学伴协作—小结反思。

深度教学是触及学生心灵深处的教学。而"高质量的任务"是触及学生心灵深处的触发器。"高质量的任务"具有妙、活、合的特点。"妙"即精妙、巧妙，能激发学生情感体验、思维碰撞、兴趣触发；"活"即鲜活、灵活，指向任务的开放性；"合"即任务是整合的而不是零散的。任务的来源主要有三个：学科、学生、学习；任务的类型主要有：问题式、课题式、项目式。任务的发布让学生感到困惑，产生认知冲突，从而有利于探究的展开。

信息化环境下，信息平台、资源共享将有力地支撑学生的探究式学习。同时，由"个体尝试"到"学伴协作"既是复杂任务的必须，使课堂能够纵深展开；也丰富了学习方式，有助于学生的理解性学习；而"小结反思"则使学生在经历了学习过程后不断重组和优化自身的认知结构，从而达到持续地理解与建构。

2. 问题解决式策略

一般流程：前置学习，整合问题—二度学习，解决问题—三度学习，提升运用。

深度教学是触及学生心灵深处、促进学生持续理解与建构的学习，因此，问题解决是深度教学课堂的基本样态。"前置学习"是触发学生兴趣、迸发学生思维的很好的方式。在学习新课内容之前，前置学习就是组织学生利用已有知识和生活经验进行的准备性学习和尝试性学习。

信息化环境下，教师在教学设计前能更便捷地梳理每个学生前置学习的情况并整合为本源性问题，在课堂教学中师生聚焦本源性问题进行学习，在此过程中生成衍生性问题，在解决衍生性问题的过程中整合为更具智慧含量的挑战性问题。挑战性问题可能是目前无解的、与生活有关的、开放性的、综合性的问题，从而有利于学生建构自己的知识、激发进一步学习和运用知识的愿望。历经这三度学习，学生面对的问题从本源性问题转变为衍生性问题，最后形成挑战性问题，以致让学生的理解更深入、深透。

3. 典例分析式策略

一般流程：典例呈现—独立分析—交流分享—总结迁移。

深度教学是深入学科本质、引导学生持续理解与建构的教学。信息化环境下深度互动的课堂打破了知识的单向传递，创造学生自己发现、理解、运用知识的场景、机会与支持等。"典例呈现"是多元呈现与教学目标匹配的典型案例，学生通过独立分析和交流分享两种方式探究典例蕴含的知识，并在学习和多元评价的过程中试错、纠错，最后通过总结建构所学的知识并进行迁移运用。如：物理教学中，为了讲解串并联电路的知识，常常用信息技术工具形象呈现，或使用虚拟仿真实验增强学生的切身体验。

除此以外，信息化环境下初中互动式深度教学的有效实施策略还有很多，比如：多屏教学策略、情境创设策略、可视化教学策略、及时评价策略、成果汇报展示策略、小组合作探究策略等。

第五节 电子白板教学模式

电子白板系统是以电子白板设计的交互理念为基础，兼顾电子白板本身的交互性和可操作性特点的一种变革性的辅助教学手段。电子白板系统引入学科课堂教学后，促进了课堂教学方式的变革，有效地补充了多媒体教学与网络条件下的课堂教学之间的空白，有力地推动了教育技术与学科课程的整合。

一、电子白板对教学的影响

电子白板是教师和学生都可以从中受益的一个功能强大的课堂教学工具，它可以有效使用各种资源，增强示范效果，提高师生互动质量。电子白板通过全新的教学方式，对教学过程进行时间和资源的科学分配，使教学资源得到高效利用，减轻教师的教学压力和学生的学习负担，充分培养学生的创造性思维，调动学生的学习积极性，从而显著地提高教学效果。

（一）对学生的影响

1. 提高学生的注意力和理解力

相对于传统的黑板教学，电子白板支持的教学过程融声音、行为和视觉于一体，可以直观地处理复杂的概念，处理结果更加清晰、高效、动态化，可以帮助学生通过不同的教学手段更好地理解所学知识。尤其是学习一些比较抽象的知识和概念时，电子白板为学生提供了多种分析、解决问题的方法和思路。

2. 便于学生复习以往的知识内容并促进学生对新知识的掌握

电子白板可以记录教师的授课内容和过程（包括学生的学习过程），学生只须专心致志地听讲，不必忙着记笔记，课后可以直接存盘带走课堂教学资料，从而帮助学生更好地学习和掌握新知识。

3. 有利于调动学生在课堂上主动学习的积极性和参与性

有研究表明，电子白板支持的教学过程更强调学生的参与和师生、生生的互动，使原来课堂教学中学生不注意听讲、做小动作、随意说话等现象大大减少，提高了学生的学习质量、学习动力和学习自信心。借助电子白板，课堂内容和教学过程更加生动活泼，可以充分调动学生的积极性和创造性，真正做到寓教于乐。

（二）对教师的影响

1. 对教师备课方式的影响

基于电子白板进行课堂教学备课几乎和传统课堂教学备课一样简单易行、快捷高效。利用电子白板备课，教师不必每节课都预先准备课件，教师可根据教学内容，把要用的素材资源按照交互白板资源库的组织方式事先放入库中，在教学过程中根据课堂实际需要随时调用，这样就可以大大节省制作课件的时间和精力。这些单元内容的资源还可以服务于其他教师或者教师本人以后的教学，适合教师日常备课的需要。

2. 对教师实施教学过程的影响

使用电子白板系统能非常灵活地实施教学过程。电子白板所构建的是一个教师们都非常熟悉的类似传统"粉笔+黑板"的课堂教学环境，教师不用改变"板书+讲解"的教学行为和习惯，可以像使用粉笔一样使用感应笔在交互白板上任意书写和绘图。另外，教师对显示内容可以进行放大缩小、位置变换、角度调整、颜色改变等操作，还可以随时进行注释、标记等，这些功能都非常贴近教师实际的教学需求。此外，教师也不用受计算机操作的约束，完全可以像以往一样站在讲台前，充分展示自身的教学风格和魅力，自由地和学生进行各种交流互动，组织学生开展多种学习活动，活跃课堂气氛，增强课堂教学效果，从而真正实现信息技术与课堂教学的整合。

3. 对教师开展教学评价活动的影响

评价包括两个方面：对学生的评价和对教师的评价。对学生的形成性评价是当前课堂教学的有机组成部分，而对教师的评价，传统的方式是通过教案、听课、说课、教研活动进行的，两者都缺少对教学实际过程信息的支持。

交互白板有一个传统黑板不具有的功能，就是对课堂整个教学过程所有操作信息的记录，包括教师标记信息、学生参与练习的信息。这些反映真实课堂教学过程的动态资源可以作为对教师和学生进行评价的参考资源，成为开展形成性评价和总结性评价的依据之一。

4. 对教师转变教学理念的影响

教师教学理念转变被视作信息技术与课程整合的最大障碍，其转变不是一朝一夕的事情。而电子白板在课堂教学中的应用，可以对教师的教学观念产生潜移默化的积极影响。信息技术与课程整合中最常见的问题就是教师自我角色的迷失，教师面对信息技术的冲击变得无所适从，有的教师可能忽视自己常年积累的课堂教学经验和技能，如知识的组织经验、课堂的管理经验、提问策略、动机激发策略等；有的教师则可能迷恋技术的优势而忽视了教学内容本身，把基于信息技术的教学视为展示自己信息技术技能的舞台。基于电子白板的课堂教学支持教师传统黑板的使用习惯，教师可以在一个相对"亲切"的环境中使用信息技术，而不用改变"板书+讲解"的教学行为和习惯，有利于教师树立信息技术是为教学提供支持和服务的理念，从而消除教师对信息技术所持有的排斥心理，改善长久以来教师只是将信息技术当作课堂教学的点缀这样一种教学现象。

二、电子白板教学应用模式

在实现教学结构与模式的多元化方面，电子白板比当前用于课堂教学的其他信息技术装备具有更大的灵活性和适应性。电子白板的课堂教学应用模式主要有三大基本类型，即教学资源模式、情境创设模式和交互整合模式。

教学资源模式提供教师以交互白板为核心，整合其他数字化信息技术设备和教学素材，并辅助教师多方位、系统展示教学信息，以完成扩展或丰富学生学习经验为主要目的。在这种模式中，电子白板的作用是为教师提供并呈现教学资源，辅助教师教学。教师在教学设计中，筛选或整理相关的图片、影片或网页内容等媒体资源，补充教师教学素材的不足之处，并且允许学生浏览教师所建议的媒体内容扩展其学习经验。此模式经常用的教学策略是讲述示范和操作练习。此模式实施的关键是教师慎选的媒体内容要与教学目标具有很好的契合度以及适时监督学生对教学资源的响应，否则可能造成学生的认知过载或迷失。

情境创设模式主张不能只是让学生从教师或电子白板的画面中学习知识，在此教学模式中，电子白板已不只是支持或补充教学活动的不足，而是积极安排或刺激学生操作的信息软件或应用设备，让学生沉浸在电子白板创设的情境中，去完成教师提出的学习任务，期望学生在学习任务中解决问题与思考，再从思考中建构知识。此模式经常运用的策略包含运用电子白板进行探究教学与问题解决策略以及采用虚拟现实情景模拟或游戏媒体让学生在操作中理解与获得知识。在情境创设的教学应用模式中，教学实施的关键是教师要指导学生技术操作的技巧，同时也需要随时了解学习者运用科技设备的学习过程并提供适当的回馈。

交互整合模式则是指将交互式电子白板和网络有机结合起来，发挥它们能够克服传统教学时空限制与学习进度一体化困境的优势、让教师能够照顾到每个学生的个人进展，进而实现利用电子白板适应个别化学习过程的目标。在该模式中，电子白板与网络设备整合构成一个整合式学习系统，其中主要是以网络服务器作为系统平台，整合超媒体、文件传输、同步与异步的交互以及系统记录过程等功能。交互整合模式的关键之处在于，学生必须在实体教室里熟练与他人交互讨论的技巧与发展计算机网络操作的能力，具备依据自我进度进行学习调节的能力。具体三种类型教学模式的基本特征比较见表4-1。

表4-1 三种类型教学模式的基本特征比较

类型 ＼ 比较项	教学资源模式	情境创设模式	交互整合模式
电子白板的教学功能与角色	提供教学资源，辅助教师教学	提供学生完成学习任务的情境	将网络的个性化分析、交互交流和实施追踪与学习过程分析融入教学中
适用的学习活动	补充教学素材不足，拓展学生学习经验	专题型、问题型，需要进行探究教学的内容	培养学生与他人交流、突破时空限制的学习，以及实施自主性学习
教师、学生、技术媒体三者的交互角色	教师教学，技术辅助，学生被动学习	学生与技术交互，教师协助	教师、学生与技术媒体角色动态转变
常用教学策略	操作与练习、举例示范与媒体呈现	探究教学、问题解决、情景模拟和游戏式学习	合作学习、讨论与整合式学习

第六节 电子书包教学模式

电子书包作为一种新兴的教育教学工具，其最核心的价值不是用来呈现和提供信息，其不可替代的价值在于通过技术来增强学习者的思维能力，实现个性化、探究性、社会化、情境化、游戏化、自组织、深度的学习，从而转变教与学的方式，实现信息时代的教育变革。这不仅是电子书包的核心价值体现，也是我国电子书包教育教学应用的发展趋势。

一、电子书包对教学的影响

（一）对学生的影响

技术作为学生学习活动和思维发展的参与者与帮助者，在协助学生发展高阶思维能力中的作用早在国际教育界达成共识。新时代的学生本质上就是"数字原住民"，技术是他们的第二天性，虽然已经有很多教师能够使用信息技术，但他们充其量是"数字移民"而已。在教育客观上就存在着"数字原住民"与"数字移民"之间的文化冲突。让学生使用技术学习，将电子书包的使用像衣食住行一样自然，成为一种"素养习惯"或一种"学习生活方式"，其实并没有我们想象的那么困难。引入电子书包后，班级差异化互动学习、数字化探究实验学习、小组合作项目学习、个性化按需兴趣学习、能力本位评估引导学习等新型学习方式都将成为可能。孩子们天生就是技术能手，我们所要做的只是给予必要的技术条件，创设应用环境并加以必要的引导，学生就会自然而然地将生活中的技术行为转变成课堂中的学习行为。

（二）对教师的影响

电子书包在教育教学中的应用使学生有了一个爱不释手的智能伙伴，这个智能伙伴成为教师与学生个体之间的"第三者"，许多原本由教师承担的任务被机器分担了或替代了。教师要学会适应这种关系变革，把机器最擅长的事情给机器做，把人最擅长的事情留给人做—在这种电子书包所创设的新型信息化学习环境中，学生成了学习的主体，是自主探究者、问题解决者、知识建构者、协作反思者，教师应该转变课堂舞台主角的身份，自愿充当学生的导学者、促学者、助学者、评学者。此外，教师还应具备全新的教学时空观和教学设计理念，要关注学生的不同特点和个性化差异，发挥每一个学生的优势与潜能，对课前、课中、课后，班内、班外，校内、校外的学习活动进行通盘规划，为学生学习能力的发展创建创新的技术学习环境和学习体验。

（三）对教学的变革

从全世界来看，电子书包进入校园已成为一个不可逆转的趋势，而电子书包也必然会带来一场学习的革命。基于电子书包的"轻负担、高效益"的高互动课堂以及随时随地发起的随意课堂不再是一句空话；借助电子书包，对学生进行持续、精准的评估（无论是课内外，真实还是虚拟情境），支持个性化的普适设计并不断调整学习可达性，使每一个学生获得成功的体验；通过电子书包，教师、家长、学校、社会将形成一个紧密的关联圈，调动一切资源为每一个学生量身打造适合的学习环境，以促进学生健康、公平的发展。无论课堂内外，学生都可以获得一个有趣且强有力的个性化学习空间，优质的 e-Classroom、e-School、e-Home、e-Museum、e-Library、e-Lab 随手可及；当与学习伙伴一起时，电子书包又转变为一个和谐高效的协同学习空间、一流教师的虚拟课堂，可以自由参加，兴趣相近的研究同伴可以无障碍联络，但受现行考试制度与培养目标不协调等方面的制约，这些变革要实现起来并不是一朝一夕的事，需要师生共同进行实践探索，并在应用中不断反思、改进与创新。

二、电子书包教学应用模式

（一）基于电子书包的"授导互动"教学模式

传统"授导互动"教学亦称"传递—接受"教学。所谓"传递—接受"是指在教学过程中教师通过口授、板书、演示，学生则通过耳听、眼看、手记来完成知识与技能的传授，从而达到教学目标要求的一种教学模式。其特点是教师易于组织、监控整个教学活动，便于师生之间的情感交流；有利于系统科学知识的传授，并能充分考虑情感因素在学习过程中的重要作用。其不足是：教师主宰课堂，忽视学生认知主体作用，不利于创新思维与创新能力的发展。尽管存在上述不足，但"传递—接受"教学模式仍然是我国基础教育常见的教学模式。基于电子书包的"授导互动"教学模式是电子书包在基础教育课堂的应用过程中逐步发展形成的，它实现了"传递—接受"教学与电子书包功能的融合，具有较强的实用推广价值。

基于电子书包的"授导互动"教学是指在电子书包平台支撑下，教师以讲授引导互动为主要手段，以知识学习为导向，向学生叙述事实、解释概念、论证原理和阐明规律，同时在教学过程中展开动态测评，并及时调整教学的一种教学应用模式。本研究分别从理论基础、教学目标、实现条件、操作程序及教学评价五个方面对上述两种教学模式进行对比，见表4-2。

表4-2　"传递—接受"教学与基于电子书包的"授导互动"教学对比

教学模式比较项	"传递—接受"教学	基于电子书包的"授导互动"教学
理论基础	有意义接受学习理论	建构主义学习理论与教学理论
教学目标	知识、技能学习	以知识、技能学习为导向，兼顾三维目标
实现条件	教学内容计划性强、缺乏变化	教学内容安排以计划为基础，教学中依据评测，动态生成、灵活调整教学内容
	黑板、投影等	电子书包、多媒体教学环境
操作程序	呈现先行组织者→呈现学习内容→正确运用教学内容组织策略→迁移运用新知识	回顾旧知识→创设情境授导互动→归纳练习→反思评价
教学评价	评价角度、方法单一	动态测评，多维度评价教与学

基于电子书包的"授导互动"教学模式充分发挥了传统"传递—接受"教学模式的

特点，同时整合了电子书包的教学应用优势与特征。

学习者是学习活动的主体，学习者具有的认知、情感、社会等特征都将对学习的信息加工过程产生影响。因此，对学习者的分析在教学过程中显得尤为重要。在该模式下，依托电子书包平台，课前，教师通过互动了解学生学习需求、知识能力基础、认知结构特点等，并据此对教学内容进行调整，为课程开展奠定基础。

1. 回顾旧知识

在课前互动基础上，教师通过回顾旧知识，建立新旧知识之间的联系，学习者倾听讲解，回顾所学知识，唤醒对已有知识、经验的记忆，为即将开展的学习做准备。

2. 创设情境

教师充分发挥电子书包平台多媒体特性，创设与当前学习主题相关、真实的情境。通过情境的创设，有效激发学生的学习兴趣，引导学生参与到课程的学习中。

3. 授导互动

这一阶段包括教师授导、学生自主学习与协作学习。教师借助信息化的手段呈现学习内容，并对内容进行详细讲解与说明。学生在学习过程中，借助电子书包平台实现师生互动交流，围绕学习任务进行自主与协作学习。

4. 归纳练习

依托电子书包实时测评功能，教师及时发现学生学习中存在的问题，对教学过程中的内容及侧重点进行及时的调整，并动态生成新的教学内容。

5. 反思评价

借助电子书包平台，教师可以实现对课堂教学效果以及学生表现的评价，促进学生对于知识内化迁移与学习反思。基于电子书包的"授导互动"教学是以教师为主导、学生为主体的学习，电子书包平台发挥师生互动、资源呈现、评价测试的作用。在该模式下，教师需要有目的性、选择性地使用电子书包平台，充分发挥其功能，从而避免电子书包自身对教学的干扰，分散学生注意力。

（二）基于电子书包的主题探究式教学模式

基于电子书包的主题探究式教学，是指学习者围绕学习主题，运用电子书包进行自主和协作学习，并最终实现问题的解决，形成学习成果。其目的是培养学习者解决问题、自主探究以及协作学习等方面的能力，从而提升信息素养与学科素养。在学习过程中学生成为学习的主体，教师成为支持者和辅助者，学习的结果被弱化，学习过程与合作得到强化。基于电子书包的主题探究式教学是围绕教师与学生两大主线展开的。

借助电子书包平台强大的交互功能，教师与学生围绕学习内容与主题任务进行互动，通过互动，教师了解学生的学习需求，学生对要学习的主题形成一定的了解，做到心中有数。

1. 创设情境，呈现任务

教师围绕探究主题，构建真实的问题情境，并呈现学习主题；学生对学习主题进行讨论交流，明确学习任务以及学习方向。

2. 组织参与，提供支架

教师组织学生分组，引导学生参与到主题探究中来，并提供学习支架辅助探究；学生以小组为单位对主题进行分析，制订探究的计划与组内分工。

3. 监督观察，适时指导

学生以小组为单位，借助电子书包的丰富资源和良好互动优势，展开探究性学习。探究过程中教师发挥指导、监督作用，保证学生探究方向的正确，并针对难题提供适时适当的指导。

4. 评价总结，延伸拓展

任务完成后，以小组为单位形成学习成果，并借助电子书包平台进行学习成果的交流与展示，师生对学习成果进行评价。教师引导学生进行总结归纳，实现知识的内化与提升。

另外，由于时间等方面的限制，在课堂探究学习的过程中会产生一些新的问题或任务，这些问题或任务可以作为下一次探究学习的起点。

（三）基于电子书包的"学案导学"教学模式

"学案导学"教学模式产生于20世纪90年代后期，诞生于一线教师的教育教学实践。这种教学模式有利于自主学习、合作学习以及研究性学习等多种形式教学活动的开展，能培养学生解决问题、协作创新等多方面的能力。与新课程改革所倡导的教学理念相一致，故一直以来都受到广大初中教师的青睐。

教学应当尊重每一个人的多样性和特性，这一原则主张摒弃任何标准化的教学形式，关注学生差异，促进学生个性化学习的关键在于以学习的过程代替教学的过程。而学案则是实现这一转变的有力工具。所谓学案，是在教师广泛调研学生的学习情况下，集思广益，精心编写的指导学生自主学习的教学辅助材料。对于学生来说，它是学生课前预习、课堂学习、课后复习所使用的工具与方案，是学生主动学习所依据的材料。对于教师而言，它是教师启发讲解的工具与方案。学案具有基础性、差异性、开放性以及主体性的特点，"学案导学"关注学生之间的差异，不仅注重知识传授，更注重引导学生去学会学习、学会创新。

基于电子书包的"学案导学"教学应用模式是指在电子书包教学环境下，以学案为载体，以学生自学、教师导学为手段，以培养学习者学习能力为导向，实现分层教学以及课前、课中与课后有机融合的教学模式。在教学中，充分发挥学案特点，依据学生差异性，制定分层学案，实现分层教学，满足不同的学习需求。同时，提供丰富的学习支架，支持学生学习，注重学习者问题解决、协作学习等能力的培养。

基于电子书包的"学案导学"教学应用模式是围绕课前学案、课中学案、课后学案展开的。

1. 课前

教师编制课前学案，学生依据学案进行知识回顾与预习。教师根据学生的反馈进行学情分析，制定分层课中学案，调整教学重难点，并规划课堂教学。

2. 课中

①呈现分层学案，依据学情分析，教师依托电子书包学习平台分发分层课中学案，学生获得学案后，阅读学案内容，明确学习任务。②学案导学。学生围绕学习任务，开展自主或协作探究学习，教师及时监控学生学习过程，并对学习提供指导，做到重点问题及时突破；普遍存在问题及时讲解；涉及下节课内容，鼓励课下思考。③学案学习评价。学生学习完成后，教师进行归纳提升，并借助评价测试模块，对学习情况进行评估与诊断。

3. 课后

教师发布课后学案，其目的在于帮助学生对所学知识进行巩固强化。需要指出的是，课后学案并非是一个教学流程的结束，相反，它可以成为下一堂课的开端，成为另一个"课前学案"。基于电子书包的"学案导学"教学充分尊重学生之间的差异，确保学习过程中不同层次的学生都能够"吃饱"。同时，依托电子书包平台，实现"课前、课中、课后"的有效融合，大大拓展课堂所覆盖的范围。教学过程中内嵌"自主学习、协作探究"环节，有助于学生能力的培养。

电子书包的教学应用改变了课堂教学结构、课堂教学组织形式、课堂教学交互方式、教师角色及学生学习评价方式，转变了教师的教学理念，使教师从最开始的纠结于到底用不用信息技术支持教学，到如今的思考如何将信息技术用于课堂教学以及如何有效地利用信息技术支持课堂教学。

第五章 信息化背景下初中教学过程的方法

第一节　信息化教学过程概述

信息化教学过程和传统教学过程相比较，其教学环境、目标、内容、方法以及师生关系等都发生了深刻变化。作为与传统教学相对而言的一种发展形态，信息化教学的重要特征表现在技术对学习过程的有效支持，以及各种现代教学理念在技术应用过程中的融合与发展。

一、信息化教学的基本理念

信息化教学是与传统教学相对而言的一种教学形态，其特征就是现代信息技术对学习过程的支持和现代教育理念在教学过程中的应用。教育理念的转变从深层次改变了传统的教学方式，而信息技术则从外部提供了强有力的支持手段。信息化教学的基本理念主要表现为四个方面。

（一）强调以学习者为中心

在传统教学过程中，教师是课堂的中心，是知识的占有者和传授者，学生围绕教师和教材展开活动。在信息化教学过程中，学生是学习的中心，传统的教师讲授式教学将不断让位于师生互教互学，形成一个真正的"学习共同体"。学生利用丰富的信息资源，按照自己的能力、风格、爱好选择适合自己的学习内容，采取灵活多样的学习方式，提高学习的能力，从而实现学习效果的最优化。教师作为学生学习过程的促进者，主要作用在于指导、监控和评价学生的学习进程。

（二）重视知识意义的自我建构

在传统教学过程中，学习者往往被看作知识灌输的对象，所谓教学就是教师将自己拥有的知识传授给学生，学生的独立性、主动性被忽视了；学生是被教会，而不是学会，更不是会学。在信息化教学过程中，学生在情境、协作与会话等学习环境中，在教师的指导和帮助下，主动地、富有个性地学习，对当前所学的知识进行意义建构并用其所学解决实际问题。

（三）关注信息技术与课程的整合

早期的信息技术仅仅作为学习的对象，后来发展到作为学习工具，目前更加注重信息技术与课程的整合。当前，学校中课程和教学并没有因为使用技术而发生根本性的变革，信息技术的教育潜能也未能得到充分发挥，信息技术也还未能有效地融入课程与教学之中，技术与教学还存在"两张皮"的脱离现象。信息化教学过程强调课程与技术的整合，注重把信息技术整合于学习过程中。这种整合不是单纯地在学习中应用信息工具，而是在课程建设和教学过程中有机地整合各种教学理念、教学方法、信息资源和技术工具，把信息技术与课程知识融为一体，推动教学过程和教学效果的最优化发展。

（四）注重对学习的过程性评价

在传统的学习过程中，特别是在课堂教学中，对学生的评价大多数情况取决于作业、单元测试、期中考试或期末考试。这些评价方式注重总结性评价，属于静态的评价方式。在信息化教学过程中，人们更加强调过程性评价，即在学习过程中对学生进行监督、评价，并提供实时反馈，让学生在学习过程中不断调整自己的学习，提高学生的元认知策略，达到一种不断上升的学习效果。这是一种动态的、发展的教学评价观。

二、信息技术对教学过程的支持

信息技术为教学过程的变革提供了有力支持。如：开发基于真实问题的研究性课程，开发数字化、多媒体化、分布式的学习资源；有效拓展学习空间，构建新一代网络课堂、虚拟社区、虚拟实验室等学习环境；提供师生之间、学习者之间的方便、快捷、高效的学习交流渠道，创建各种类型的学习共同体等。我国有学者认为，信息技术作为学习者与学习环境互动的中介工具，主要包括学习管理工具、信息资源媒体、信息处理工具和社群互动工具。

（一）学习管理工具

技术的一项重要功能是支持对学习活动的管理和监控。它可以支持对学习活动的规划设计，收集和保留关于学习者学习情况的信息，为学习者提供有效的测评、反馈和建议，并在必要时有针对性地进行干预和控制。在传统的学习环境中，学习监控的职能在很大程度上是由教师人工完成的，而且主要是外部监控。在新的学习环境中，基于计算机的各种工具可以为学习的监控提供有力的支持，包括学习管理系统、电子学档、计算机辅助测验、适应性学习系统等，新型的计算机化学习环境更多地强调通过提供关于学习状况的信息和学习建议来促进学习者对学习过程的自我计划、自我监视和自我调节。

（二）信息资源媒体

信息技术作为媒体可以承载和传输各种内容资源，提高了信息资源的丰富性、交互性、灵活性和开放性。内容资源的具体形式包括课件、教学资源库、教学素材库、电子教材、电子书刊、学生自建数据库、数字图书馆、数字博物馆、虚拟科技馆等。这些内容资源既包括结构化程度较高的课件，也包括各种开放的素材资源；既包括校本资源和本地性资源，也包括全球范围内的分布性资源；既包括专门为教育目的设计开发的资源，也包括各种各样的并非专门为教育目的而开发的但可以用于教育的信息资源。图书馆、博物馆、科技馆、美术馆及大众传媒等公共服务机构可以借助多媒体网络技术为教育提供丰富的、高质量的资源和更便捷的服务。

（三）信息处理工具

学习过程中包含非常复杂的信息加工活动，需要借助一定的信息处理工具，如：计算工具、写作工具、绘画工具等。计算机等信息技术从诞生之初就是为了完成信息加工任务的，随着这种高级的信息加工工具的发展，它能够更有效地帮助学习者实现灵活开放的、随时随地的信息处理活动。因此，在信息时代，学习者可以充分利用计算机等信息技术更有效地加工信息，如：各种用于处理文字、数据或多媒体信息的应用软件，多媒体与网页著作工具，模拟、建模与知识可视化工具，各种面向特定认知任务的认知工具（如概念图工具等），以及帮助学习者完成各种具体任务的智能教育代理等。

（四）社群互动工具

网络等信息技术越来越成为一种人类沟通交流的有力工具，而人际交往与互动则在教育过程中占有核心地位。计算机媒介沟通工具（CMC）可以有效地支持人际互动，扩展参与沟通的成员的范围，扩展理解与思想的广度，促进学生与同伴、教师、专家等人士跨越时空的沟通交流。CMC既可以支持同步交互（如：网上聊天室、视频会议等），让学生能够与身处远方的同学、教师和专家实时交流，也可以支持异步交互。而且，利用计算机支持的协同工作（CSCW）工具（如：共享白板、MOO/MUD等）还可以实现学生的网上远程协作学习以及教师之间的合作。

三、信息化教学过程的特征

信息化教学过程是在技术化环境中以学习者为中心展开的，这是其最基本的特征。在信息化教学过程中，学习者不再是等待知识灌输的对象和外部刺激的被动接受者，而是积极的信息加工的主体，意义的主动建构者；教学不再仅仅关注学生的智力发展，而是关注学生作为一个"完整的人"的发展，即更加注重学生智力和人格发展的协调。

教学过程中的技术是用来强化现行的课程教学，还是实现新型的信息化教学，这在很大程度上取决于教师。信息技术的应用不会自然而然地创造教育奇迹，它可以被用于促进教育革新，也可以被用于强化传统教育；技术的发展并不必然带来教学的革新，只有应用现代教育理念变革传统教学的弊端，才能真正实现信息化教育这一崭新的教育形态。

信息化教学过程和传统教学过程相比较，从学习目标、教学内容、教学方法、教师角色、学生角色等方面都发生了深刻的变化，变化是多维度、多层次、多方位的。表 5-1 比较清晰地反映了信息化教学过程区别于传统教学过程的一些本质特征。

表 5-1　信息化教学过程与传统教学过程的比较

项目＼类型	传统教学过程	信息化教学过程
学习目标	低层次的理解	深层次的理解
教学内容	严格忠实于固定的教材	追踪学生的问题和兴趣
教学资源	材料主要来源于课本和手册	多样的、情境性的信息
学习控制	主要依赖教师的监控	注重学习者的自我监控
社会情景	缺乏有效的沟通、合作和支持	充分的沟通、合作和支持
教学方法	教师向学生传递信息，学生是知识的接受者	教师与学生对话，帮助学生建构知识
教师角色	指示者、专家和权威	发问者、引导者、帮助者，促进者、协商者、谈判者
学生角色	学生主要是独立学习	注重合作学习
教师评价	通过测验、正确答案来评价学生，强调结果；评价主要采取定量分析的方法	既通过测验也通过学生的作品、试验报告和观点来评价学生，过程和结果一样重要。评价采用定量与定性分析相结合的方法
知识状态	知识是静态的	知识是动态的，注重学生的发现与体验

第二节 信息化教学的策略运用

教学策略主要包括组织策略、传递策略和管理策略等，它一般具有目标指向性、技术操作性和动态过程性等特点。教与学的过程通常都会面临各种复杂多变的现实情境，如何在动态变化的教学情境中随时作出相应的有效活动策略，这将直接影响着教与学的效果。

教学策略通常是指为达到教学目的而采用的手段和方法，它是一种能够适用于各种具体情境的操作性技能和规则性框架。策略介于抽象的目标和具体的行动之间，它不同于具体的方法，而是根据教学目标需要对具体行动方法的考虑和规划，是在具体的教学情境之中表现出来的具有技巧性特征的行动方式。

学习策略描述的主要是学习者对学习过程进行的自我调节和控制，而教学策略则主要描述为了促进学生的学习，教师对教学活动所进行的设计、调节与控制。学习策略和教学策略并无本质的区别。各种学习的方法和技术，如果由学生自主调节和控制用来学习时，它们是学习的策略；如果以教师控制为主来组织和开展教学活动，用以促进学生对知识的学习时，则被称为教学策略。同样，各种教学策略如果由教师组织和控制转化为学生自主组织和控制时，它们也就转化成学生的学习策略了。

一、教学内容的组织策略

教学内容的组织策略可分为宏策略和微策略两个层次，它主要涉及对教学信息、教学内容和教学材料的设计与呈现等问题，是关于教学内容的序列结构和编排组织的策略。

（一）教学组织的宏策略——精细加工理论

教学的宏策略关注教学内容的选择、编排及知识间的组织结构等，它主要考虑如何将各类不同的知识（如：事实、概念、原理、过程等）组织成一个有机的整体（如：一节课或一门课程），以及如何在不同的知识点之间建立有机联系等。

精细加工理论（ET）通常采用变焦镜头的隐喻进行类比。人们使用变焦镜头拍摄照片时，首先，注意画面的主体及其各部分间的关系，开始时往往并不注意细节；其次，可能聚焦到某一局部来仔细观察画面的细节部分；最后，将镜头拉回广角，观察该部分与其他部分以及与画面整体的关系。如此反复，拍摄者便可以逐渐认识镜头画面的整体结构、组成部分及局部与整体或局部与局部之间的相互关系。

基于"变焦镜头"的类比，精细加工理论主张教学应始于一种特殊的"概览"。它以教材中最简单、最基本的"观念"作为焦点，其后再就概览中的某一部分或某一方面添加细节或增加复杂程度，再重新回顾概览以及呈现新观念与先前观念之间的关系，最后通过总结和综合对教学内容继续进行精细加工，直到实现全部的预期要求为止。精细加工理论提出了教学内容组织的七种策略成分，即从简单到复杂的序列（学科结构）、学习的先决条件序列（课时结构）、总结、综合、类比、认知策略激发器和学习者控制方式。

精细加工教学的一般模式通常是从呈现"摘要"课开始的。摘要课的组织程序通常包括：确定哪一种知识类型作为组织性内容，其余两种则作为支持性内容；列出学科知识的全部组织性内容；选择出其中最具代表性的、最简单的基本观念，在具体的应用水平（而不是抽象的记忆水平）上提供呈现。摘要课的教学过程一般包括启动动机、提供类比、说明先决条件、呈现组织性观念、呈现支持性观念、课内总结与综合等。摘要课完成之后就可以按照学科内容的层级结构逐步开展课程教学，每次课的教学结构都与摘要课的模式基本类同，如此继续，直到完成预定的教学任务。

（二）教学组织的微策略——成分显示理论

微观组织策略通常被看作是对微观教学内容的编排问题，它主要关注如何针对概念或原理等个别知识点来组织教学。成分显示理论（CDT）首先将学习结果按照"业绩—内容"二维矩阵进行分类：业绩维度是指学生学业行为的表现水平，它通常划分为记忆、应用和发现三个层次；内容维度是指教学材料所涉及的具体项目类型，包括事实、概念、过程和原理四类。根据业绩层次和内容类型可以确定出相应的教学目标，再据此制定出与教学目标相匹配的具体要素，如：目标条件、目标行为和目标标准等。

教学的呈现形式（即教学策略）可分为基本呈现形式（PPF）和辅助呈现形式（SPF）两种类型。按照知识内容和呈现形式的不同，基本呈现形式主要包括"探究事例""探究通则""解释事例""解释通则"四类。辅助呈现形式是指在基本呈现形式之外提供的一些"精细加工"信息，如：提供学习帮助、唤醒先决知识、替代表征（指以不同方式或在不同情境中重现信息）、记忆术、学习反馈等。通过适当的辅助呈现形式，能够使教学起到提高学业成绩和增强学生参与学习的效率等作用。

传递教学的呈现形式虽然只有讲解和探究两种方式，但呈现的内容要素却可以是一般性定义、过程、原理或具体事例等，因此，呈现形式与内容要素的匹配便能够产生出多种教学的组织和传递策略。成分显示理论的关键内容是开列教学处方，不同的教学处方是在对不同类型的学习内容所要求的学习结果（行为目标）进行分析的基础上得出的，教学呈现形式的选择也由此而来。

二、教学过程的行为策略

教学行为是教师为完成教学目标和教学任务在教学情境中表现出来的教学活动行为，它通常包括引发动机、教学交流和学习指导等基本类型。教学行为是教学过程的有机组成部分，对它的选择和运用既要考虑教学目标、教学内容和学生特点，又要考虑各种教学行为自身的功能效果和表现形式。

（一）动机激发策略

学习动机作为推动学生学习的内部动因，一般涉及学习兴趣、需要、驱力和诱因等诸多方面。学习动机的激发是指通过外在刺激使学生潜在的学习需要转化为积极的学习行动。其关键在于利用一定的外部诱因，促使已经形成的学习动机由潜在状态转入活动状态，从而推动学生的学习行为。

激发学生的学习动机一般应掌握以下策略：①提出明确而又适度的学习要求。合适的目标要求应该是"跳一跳，摘桃子"，也就是说，学习目标应该制定在教学的"最近发展区"之内。②以激发内部动机为主，外部动机为辅。新颖的学习材料、有趣的问题情境及启发式教学等都有利于引发学习的内部动机；采用生动的学习材料或使用不同的信息呈现方式可以调动学生的学习兴趣，如：利用录像、投影等媒体或采用游戏与模拟、计算机演示等方式都能激发起学习的内部动机。③及时提供对学习结果的反馈。学生及时了解学习的结果，会对学习动机产生很强的激励作用。④恰当运用竞赛、评价与奖励等措施。应注意使用的合理性，否则效果会适得其反。如：频繁竞赛会造成学习的紧张气氛并加重学习负担；错误评价会挫伤儿童的自尊心和学习自信心等。

（二）信息呈示策略

信息呈示是指在教学过程中教师向学生呈现信息内容的行为。按照教学手段不同，教学过程的信息呈示可分为语言呈示、文字呈示、教具呈示、动作呈示和视听呈示等基本类型。

语言呈示主要是指教师在教学中的讲述行为。文字呈示主要是指教师以板书呈示知识要点或结构等。动作呈示是指教师通过演示操作或特定的动作示范，为学生提供训练模仿的学习信息，从而使学生学会相应的动作技能或操作行为。教具呈示是指使用实物、标本或模型等直接为学生提供感性经验。使用各种教具呈示信息时，应注意结合教师的讲解、分析或操作演示，并向学生说明模型与实物之间的差异性，以免给学生留下错误印象。对于外部结构不清或者内部结构无法表现的模型或实物教具，应该注意与其他手段配合使用，如：借助挂图、投影等手段来说明事物的内部结构或关系等。

视听呈示是指通过各种音像媒体技术来表现知识内容的教学行为，如：使用投影媒体、电声媒体、电视媒体、多媒体计算机技术等向学生呈示教学信息。常用的视听呈示方式主要有：讲述以前呈现，用于引发兴趣或分析任务；教学难点呈示，用于帮助学生释疑解惑；讲解之后呈示，用于知识总结或综合归纳；使用交互式媒体如计算机等进行人机对话学习或个别学习指导等。

美国著名心理学家梅耶通过研究发现，同时接受言语和视觉形式解释的学生（多表征组）在问题解决迁移测验中作出的创造性解决方案，比仅接受言语解释的学生（单表征组）平均高出 75%，这被称为符号表征的多媒体效应；而当言语和视觉解释结合呈现时（结合组），学生对迁移问题的创造性解决方案比言语与视觉解释分开呈现时（分离组）高出 50%，这被称为结合效应。教师应用多媒体技术呈现教学信息时，首先要了解各种媒体的功能特点和使用方法，然后根据教学内容和目标需要来选择恰当的媒体类型和组合方式，从而对教学过程中媒体技术的应用进行良好的设计。

（三）教学会话和指导策略

教学会话是指师生之间通过语言方式共同进行的学习交流活动，如：课堂提问、作业答疑、组织讨论、通信交流等，其中，提问和讨论是教学过程中最常用的会话方式。提问能诱发学生参与到教学过程，调动学生的学习动机，为学习提供注意线索、课堂练习与交流反馈的机会，并有助于促进学生学习结果的迁移。教学讨论则是在学生之间以及学生和教师之间进行的一种教学会话行为，形式主要有学习小组讨论（针对具体知识内容）、活动小组讨论（与特定任务或具体活动有关）和专题内容讨论（针对某一主题或是有争议的问题）等，它有助于促进师生之间的相互作用，能够使所有的学生都参与学习活动之中，同时，还有助于学生形成对某一问题较为一致的理解、评价或判断，是一种有利于促进学生发现学习和知识建构的教学策略。

当以学生为主开展各类教学活动时，教师的作用主要体现在学习指导（或辅导）方面。如：帮助学生确定活动主题和目标，指导学生设计活动内容和实施方案，帮助学生选择确立活动方式和方法，并进行人员分工和组织。教师可以通过参与活动过程以讨论、问答、参观或观察等方式引入活动课题。在活动过程中遇到困难时，教师应启发学生独立思考，探究问题，寻求问题解决的途径；教师应对学生的活动给予适时的评价，通过组织交流共同提高对学习和探究活动的认识。

三、信息收集与评价策略

一个具备信息素养的学习者，必须具备信息的收集能力、评价能力和交流能力。如：

能够确定何时需要信息，并具有检索、评价和有效使用信息的能力；要学会查找那些与自己兴趣和需要相关的信息，同时要学会排除干扰信息；能对各种信息进行分类并判别其可信性、可利用性和相关性；要学会使用适当的信息形成自己的结论并与别人进行交流与沟通，在信息化教学过程中，教师要重视学生的信息应用策略的培养。学生必须掌握信息的收集、加工、整理、评价、交流的策略，学会控制和管理信息的能力，成为具备信息素养的学习者。

（一）信息收集策略

信息化时代的教学信息源越来越丰富，有效的信息使用者应该能够合理利用可获得的各种资源。人们不仅可以从书籍、网络、杂志、电视、广播、录像带、电子光盘等获取信息，还可以通过互联网获取更多的信息资源。由于互联网资源的极大丰富，学习者除了要具备传统的信息搜索技能以外，还须熟悉并能熟练应用网络信息获取的方法、策略和技能。

1. 网络信息搜索过程

有效的网络信息搜索过程一般包括六个步骤，即确定搜索主题、制订搜索计划、选择搜索工具、实施搜索过程、评价信息质量和存储搜索结果。

（1）确定搜索主题

为提高搜索效率，在正式搜索之前，应该分析自己所需信息的主题和关键字。主题是否清晰是选择搜索工具的依据，清晰的主题可以借助"关键词搜索引擎"获得相关信息；模糊的主题可以通过浏览主题树或主题目录得到所需资料。

（2）制订搜索计划

运用搜索计划是保证搜索系统化的一个非常有效的策略。搜索计划主要包括三个方面：一是搜索什么，这是对搜索主题的细化，围绕主题列出详细的搜索目标；二是到哪儿去搜索，针对每一个具体的搜索目标，分别列出可能的信息源；三是如何搜索，预设搜索过程，分析哪种搜索工具可能最恰当，哪种搜索方法可能最合适，搜索过程可能包括哪些步骤。

（3）选择搜索工具

熟悉互联网上常用的搜索工具及其特点，对于合理选择搜索工具，提高搜索效率是很有必要的。为了获得最好的结果，需要为每一项任务选择最恰当的搜索引擎或者把多种搜索引擎结合起来使用。

（4）实施搜索过程

搜索过程应选择合适的关键词，关键词一定要和主题密切相关，搜索过程中应使用尽量多的关键字，以缩小搜索范围，减少结果中的链接数。掌握逻辑运算符（与、或、非）的使用方法，使用这些操作符，可以大大减少搜索范围，减少命中数量，节省时间。学生应该学会浏览式搜索、超文本式搜索、纲目式搜索和逻辑式搜索。

（5）评价信息质量

搜索过程中要进行信息评价，以便确定信息是否和主题相关，信息来源是否可靠等问题。

（6）存储搜索结果

把搜索到的与主题相关，又相对可靠的文档下载到本地计算机上。把获得的有价值的信息进行归类、合并，使其成为一个结构完整、条理清晰的文档。

2. 网络信息搜索策略

互联网上包含有巨量的各类信息和资源，要想快速对互联网信息进行检索和查询，除了需要依靠搜索引擎工具的帮助，还需要掌握一些信息搜索的策略与技巧。

（1）选择恰当的关键词

恰当选择关键词是网络信息搜索成功的保障。确定关键词首先要明确需要搜索的信息主题，然后提炼此类信息最具代表性的关键词。可以使用一个关键词进行搜索，也可以按照"与（AND）""或（OR）""非（NOT）""+"等逻辑关系同时使用多个关键词进行搜索，以提高信息检索的准确率。

（2）句子检索法

检索网络信息所用的"关键词"既可以是单词或词组，也可以是一个完整的句子。如：在搜索小说、文章等文本内容时，最简单的方法就是用文本标题作为"关键词"进行搜索，或是使用文中的某句话进行检索，这样可以提高信息检索的准确率。

（3）文件检索法

如果搜索目标是一个文件，可以充分利用文件的名称标志。如：需要搜索某种设备驱动程序时，如果选择设备的品牌或型号为关键词，则会返回许多与主题无关的设备信息；如果在关键词后面加上 ZIP 或 RAR 等常用文件扩展名，搜索效率则会明显提高。

（4）利用"同类链接"快速查找相关信息

如果希望从互联网上找到同类的系列网站，可以利用某个网站名字或地址作为关键词，因为链接到查询站点的往往是同类站点。利用这种方法可以快速找到一系列相关的网站。

（5）中西结合检索法

在使用搜索网站时，灵活地结合中文和英文可以很好地完成某些搜索任务。如使用英文或中文词汇作关键词检索，指定搜索网站只返回中文或英文网页结果；也可使用中文和英文关键词混合检索，只要求返回中文或英文网页信息等。

（二）信息评价策略

丰富的网络信息一方面拓展了教育信息的来源；另一方面也给教师和学生选择和评判信息增加了技能要求。网络信息评价的 CARS 量表：Credibility（可信度）、Accuracy（准确度）、Reasonable（合理度）和 Support（支持性），作为评价网上信息的四个最基本的指标。

1. 可信度

信息的真实性、可靠性非常重要。当一个网络信息是以匿名发布的，或没有一定的质量保证的依据，或对该信息的评价是否定的，或信息中有多种语法错误、拼写错误等，那么，该信息的可信度就值得怀疑。一般情况下，信息的可信度可以从以下 3 个方面进行考虑：①作者（信息提供者）可信度。网页的作者是谁？是个人、机构还是组织？作者发布信息的动机是什么？是否提供了作者的 E-mail 地址等联系方式？作者是否花了大量时间提供其他相关网页的链接？②质量保证的依据。学术期刊的文章由于经过严格评审，一般有可靠的质量保证。而对于一般的网络信息，有些要素可以反映它是否有一定的质量保证，如发布站点的组织是否具有一定影响力和权威性等。一般高等院校、科研机构、政府机构等站点发布的信息要比商业站点和娱乐站点信息更可靠。信息来源可通过信息所在站点的域名得知。③元信息。元信息是指有关信息的信息，主要有总结性和评价性两类。总结性元信息通常是对信息内容的概括，如摘要、内容总结等。它提供了一个内容框架，人们无须对所接触到的信息从头到尾进行阅读，便可对该信息有大概的了解，这样不仅节约时间而且可以增大信息量。评价性元信息主要是有关对信息内容的分析判断，如评论、被索引的次数、推荐意见、评述等都属于该类。总结性元信息与评价性元信息可以相互结合，以便对信息提供精练准确的概括。

2. 准确度

对准确度的验核主要是确保所获取的网上信息的内容是正确的。影响准确度的要素有：①时效性。信息都有生命周期，即具有时效性。在网上查找到信息后应注意它的发表日期，以确定该信息是否有使用价值。②全面性。准确度较高的网上信息应该具有一定的全面性，其观点和结论不是偏颇的、走极端的，而是建立在全面、准确的基础上的。③针对性。针对性是指搜索命中的目标与所研究主题之间的相关程度。

3. 合理度

网上信息若具有合理性，就应做到信息内容公正、客观、一致。①公正性。公正性即网页提供的信息是合理的、理智的，不加入个人的感情色彩和倾向性。②客观性。虽然没有什么东西能绝对客观，但是一个有价值的网上信息应尽量做到客观。有些信息因为受政治、财政或商业利益的驱动，失去了客观性，尤其是商业类广告信息等较为突出。③一致性。一致性是指网页信息应该前后一致，不矛盾。

4. 支持性

①出处。一般被索引内容的出处、作者等都可以间接反映网页提供信息的质量。②确证。在引用一种观点或论断时，应考虑是否有足够的证据表明这种观点或论断的正确合理。③外部一致性。外部一致性是指网页提供的信息通常是由新旧信息共同组成的，用户可以通过对其中已知信息的质量来推断网页上的新知识的质量水平。

总之，对网上信息的判断，要借助于丰富的预备学科知识，同时，要尽可能多地收集相关信息，多角度、多层次地了解不同作者的相关论点，着重考虑其可信度、准确度、合理度和支持性四个因素，对其进行综合评价，以确保信息质量。

四、信息展示与交流策略

对学习而言，仅仅拥有和获得信息是不够的，学生还必须学会利用信息形成自己的思想并进行交流，从而使学习过程由封闭走向开放。

（一）设计

设计是指学生通过分类、分组、排序、联系等方法把散乱的信息变得条理化、清晰化。在此过程中，学生会逐渐形成自己的概念、模型和观点，如果有更多支持性的信息，学生自己形成的概念就会进一步加强；如果有很多信息反对，学生就会舍弃自己的概念，而保留下来的概念又会被进一步加工。教师应该教会学生使用一些策略进行设计，如：列出大纲，画流程图，认知地图、网络、图表或上述多种形式的组合等。设计是产生信息必不可少的第一步，教师应鼓励学生对自己的设计过程进行再设计和不断完善。

（二）编码

设计基本完成后，学生开始编码。编码实际上是把思想和经验转变为符号形式。编码的第一阶段是要确定一种最有效的符号形式，如：图表、数字、文字、声音或几种形式的综合，学生要自己确定选择最能表现当前信息的符号类型；第二阶段是选择一种最适合表达个人思想的形式，如：故事、研究报告、论文、纪录片、新闻报告、戏剧形式等，再为表现形式选择一种合适的媒体，如选用文本形式、幻灯片、网页、录像带、电子表格或几种媒体的结合。最后，学生要确定使用什么样的程序进行编码，可以使用文本处理器，例如，使用 WPS、Word 编写文本；使用 Excel 设计制作电子表格；使用 PowerPoint 制作幻灯片；使用照相机拍摄照片；使用摄像机制作录像等。

（三）组合

当设计所需要的所有成分经过编码和储存之后，学生要把信息按照一定的逻辑顺序进行组合。在这一过程中，对缺失的信息进行补充，对多余的信息进行删减。在组合加工阶段，学生可能会发现有些信息是互相矛盾的，这就需要重新进行分类和编码，找到更多的有用信息。

（四）发布和修改

信息的发布和修改富有动态性。当个人或小组形成自己的信息产品后，个人和小组就成为最早的听众。在交流的时候，信息的制作者能够看到自己的产品。同时，可以对自己所表达的信息的一致性、流畅性、适当性进行反思与修改，进一步和同伴、专家、教师共享自己的信息，以获得及时的反馈。在这一过程中，学生要验证自己的观点是否正确、交流是否有效，同时要考虑别人提出的各种意见，并对某一阶段的交流进行总结，以得到有益的启示。

五、信息问题解决策略

美国学者艾森博格和伯克维茨提出了旨在用来培养学生信息素养和解决问题的能力，并在国际上得到广泛使用的 Big6 信息问题解决方案。Big6 作为一种信息素养模型，有人称其为信息问题解决策略/模式，也有人称它为信息化学习的元认知支架。其问题解决的流程一般包括六个步骤，即任务定义—信息搜索策略—查找和获取信息—利用信息—综合信息—学习评价。

（一）任务定义

1. 分析并定义信息问题

首先需要认真分析你所面临的问题，确认你是否正确理解了自己的学习问题或任务。如有不明白之处则需要请教教师或与同学沟通。如果认为自己已经明白了，请用自己的话表述出来，以便让教师确认你对任务的理解是否正确。

2. 确定完成任务所需的信息

理解任务后需要分析为了完成这项任务所需要的信息有哪些？如有不清楚的地方，则需要针对任务列出一份有关问题的清单。通过对问题的逐步细分，可以帮助你发现所需要的信息。

（二）信息搜索策略

1. 确定可能的资源范围

百科全书、图书馆里的文献资料、各类调查报告和网络资源，甚至与研究主题相关的专家都是可用的信息来源。明确任务和问题之后，可以根据第一步所定义的问题清单，通过集体讨论来确定所有可能用到的信息来源。

2. 找出资源的优先顺序

对可能的信息资源进行分析评价，以便选择最好的资源利用。仔细评估所列出的可用信息来源明细表，从中选出可能有用或容易获得的信息，列出优先顺序，其中有些资源自己不是很了解，可以询问教师、同伴或请教图书管理员等。

（三）查找和获取信息

1. 查找相关资源

确定你可以从哪里获得相关资源，针对每个资源，记下它的位置。如果是网站，列出它们的 Web 地址。为了节省时间，可以使用教师或图书管理员提供的信息来源（Web 地址）。

2. 从中寻找有用信息

在已经获取的许多资源中，如何发现解决问题所需要的信息？通常可以采用"关键词"检索方法来查找出与问题主题密切相关的资源，再具体收集自己需要的相关信息。如：从索引或目录中找到相关主题内容，或利用网络搜寻引擎查找主题关键词信息等。

（四）利用信息

1. 了解资源内容

运用信息前首先需要了解你已经掌握的资源内容，遇到无法理解的问题可以向他人求助；没有必要阅读和分析所有文献或网站的所有内容，只需要判断它是否与问题主题相关，并能否为你提供解决问题的有效信息就可以了。

2. 摘记相关信息

仔细阅读信息资源，把可以帮助问题解决的相关信息或数据摘记下来。如果直接摘录原始数据或信息内容，必须注记数据的来源和出处。如果数据的来源是光盘、影片或是录音带，则必须仔细地看或听，然后摘记相关信息并注明数据来源。如果在作摘要的过程中发现了新问题，则需要把它增加到问题列表中。

（五）综合信息

1. 从多种资源中组织信息

通常可以通过写一份提纲或草稿来将各种信息组织在一起。这一步工作决定着如何把笔记中摘录的信息内容与你自己的观点和见解有机地整合在一起，以便完成你的作品。

2. 呈现和表达信息

依照问题定义阶段所要求的格式完成作品。作品可以使用下列方式表达：使用Power-Point文稿介绍，写出书面研究报告，或制作一套多媒体演示光盘，或使用其他适合的技术方式来表达你的研究结果。

（六）学习评价

1. 评价你的作品

当你完成最后的作品之后，与教师的任务要求相比较，是否实现了给定的任务目标？作品是否符合要求（包括呈现方式、整洁度、封面、姓名、日期等)？收集的信息是否翔实？所引用的信息来源是否都已经加以说明？格式是否正确？等等。

2. 反思问题解决过程

任务完成之后，需要对自己的问题解决过程进行反思并及时总结，这对今后处理类似问题会有所帮助。问题反思包括：在这次学习过程中自己学会了哪些技能？在以后的问题解决中如何再次使用这些技能？本次学习中做得较好的工作有哪些方面？下次遇到类同的学习问题时有哪些方面需要改进？在所收集的资源中哪个最有使用价值？确认信息资源价值的方法是怎样的？还有哪些需要的资源没有找到？这些资源以后如何获取？

Big6问题解决策略过程充分体现了对学生信息素养的培养，而且重点放在对信息的收集、评价和理解上。使用Big6问题解决模式时，并不要求一定按照规定的步骤顺序进行，这主要视问题的性质或学习者对问题的认识而定，如做到第三步"收集信息"时，却发现资料不足或所需的技能、时间不够等，这时则可能要回到第一步或第二步重新思考问题。

教师在培养学生的信息能力时，不应孤立地教给学生信息技能，而要和学校课程紧密地结合在一起，要把信息技能的教学整合到学科教学和课堂学习中。基本的信息技能不仅包括下载和获取信息，更重要的是一般性的问题解决和研究过程。掌握孤立的技能属于低级认知技能，只有将它们有效整合到信息问题解决的过程中去，才可能获得真正的信息素养，从而能够灵活地、创造性地、有目的地使用计算机和网络，并将信息技能运用到具体课程的学习中。

第三节　信息化教学的交往分析

教学是一种特殊的交往活动，是一个通过人际互动和社会性交往来促进学生发展的过程。在教学交往的过程中，学生是知识学习的主动参与者和意义建构者，教师则是学习过程的组织者、引导者和帮助者，他们通过彼此之间互动交往形成"学习共同体"。

一、信息化教学交往的类型

随着信息技术的应用发展，基于计算机的媒介交往（CMC）在教育交往中的地位越来越重要。开放性、交互性和建构性是教学交往的根本特性，信息技术为实现这种多向、平等的互动交往提供了有力支持：与传统的课堂教学交往相比较，信息化环境下教学交往的类型具有明显的技术性特点。

（一）现实主体之间的交往

现实主体之间的交往主要是指现实世界中的教师个体和学生个体、学生群体、学生群体间及群体内部成员间的交往。学生与教师的交互发生在学生和教师之间，可以采用提问、辅导、答疑、批改作业等方式进行。在学生与教师交互的过程中通过对学习内容、方法和态度等方面的交流，解决学生学习过程中的问题，同时激发学生主动参与学习的积极性。学生与学生的交互可以是个人形式的交互，也可以是小组形式的交互；可以有教师参与，也可以没有教师参与。在信息化学习过程中，由于研究性学习、协作学习的开展，学生间的集体交互更为普遍，教师要引导、组织和促进学习者之间的沟通互动，通过小组讨论、意见交流、游戏、辩论等形式，合作解决问题。通过这种合作和沟通，学习者可以看到问题的不同侧面和不同的解决途径，从而对问题和知识形成新的认识。

（二）现实主体和虚拟主体的交往

传统课堂情境中交往类型主要是现实主体间的交往。在信息化环境下，由于计算机网络这一媒介的介入，现实主体和虚拟主体的交往方式在学习过程中日益得到广泛的支持与应用。例如，适应性教学系统能够根据学生的反应，动态地呈现符合学习者特征和学习状况的教学内容；又如，模拟现实系统使用现实或虚拟世界中一些选择好的要素，将这些要素按照规则一起运作，能够把学习者带入一个虚拟的、可视的，甚至可参与的世界。很多研究者都试图利用互联网来促进学习者广泛的交往合作，教师在教学中可以组织学生与来自世界各地不同领域的专家进行交流。如：学习者可以就遗传问题访问专业的数据库、获取丰富的数据，并直接和遗传学专家进行讨论交流。国际互联网的发展为这一构想的实现提供了有力的技术支持，学生可以借助 E-mail、电子白板、QQ、微信等技术支持实现广泛的交流，也可以借助视频会议的方式，实现"面对面"的交流。

（三）虚拟主体之间的交往

借助于人工智能技术和软件技术的发展，形成一个虚拟交流学习环境，虚拟学习者和虚拟学习者之间、虚拟学习者和虚拟教师之间进行交往，从时、空二维度来看，可以有同时同地、同时异地（同步交互）、异时同地和异时异地（异步交互）的方式。同步交互属于实时交互方式，它为学习者提供了一种异地同时交流的形式，如：常用的聊天室、ICQ、网络会议系统、网上电话、MUD/MOO 等都属于同步交互的范畴。学习者可以利用 MUD（多用户空间）、MOO（面向对象的 MUD）、MUSE（多用户模拟环境）来创建虚拟的社会环境，用户在其中可以为自己设定各种灵活的、匿名的身份，使得在实际地理位置上处于分离状态的用户能够在一个共同机制中进行交互和协作。这种虚拟情境与学习者将来真正应用所学技能的环境具有高度的相似性，通过这种方法可以促进学生对抽象知识的运用能力。异步交互则属于非实时的交互方式，它充分利用网络通信时间和空间的虚拟特性，打破交流的时空限制。人们常用的 BBS、新闻组、电子白板和 E-mail 等都可以支持异步学习交互。

二、信息化教学的交往设计

教学交往不是既定的，而是生成的。如何利用信息技术提供的资源与工具，改善不合理的教学交往，生成积极的、主动的、有效的教学交往？这是信息化教学交往设计的目的所在。

（一）选择交往主题，明确交往目标

教师在组织教学交往前一定要精心设计交往主题，主题应该是符合课程标准、引发学生兴趣、能适应不同层次学生不同需求的。尤其是随着计算机媒介交往的增多，自主学习、协作学习、研究性学习的开展，教师对交往的直接调控减弱了，交往的维持主要依靠交往主体思想的磨合和对主题的认同感。因此，教师要从学生的实际出发，选择一个有价值、有意义的比较开放的主题。

对于选定的主题，教师要从不同方面进行细化使其更具体和深入，教师围绕这一主题探讨可能引发的具体问题，事先设计一些能引导学生就该主题进行深入探讨的高水平的问题，以便在交往中激发学生的主动性和积极性。对于每一个细化的主题，明确提出交往后要达到的目标和最终的业绩水平。

（二）提供相关的信息内容和资源

为了保证交往的高效性，教师应该事先给学生呈现相关的内容，使学生对主题有了解并激发先前的学习信息，在交往过程中随着学生对问题探究的不断深入，需要的资源可能更多，教师应事先提供一些相关的资源途径和获得资源的方法，如：学校的图书馆、实验室、网络教室，校外的博物馆、科技馆、社区等。对于互联网上的资源，教师应提供资源链接。

（三）创设交往环境

为支持教学过程的交往活动，教师要为学生提供有力的交互工具，包括界面友好的通信工具、协作工具、个人主页空间和追踪评价工具。同时，教师要创建一种能够激发参与者交互的学习环境，设备和材料的提供、工具种类和时间限制等都会影响学生交往的积极性。环境信息可以促进学生活动，唤起他们对特定学习材料的关注，鼓励他们参与不同层次的学习。设计良好的交往环境应该是资源丰富、技术工具种类充足、时间富有弹性的。在这种环境中，学生可以利用各种学习资源和建构工具进行学习活动，可以通过 E-mail、QQ、微信等方式方便地与教师、同学和专家进行交流与合作。

（四）设计交往策略

技术系统的交互特性不一定产生教学交互，教学交互的产生不仅依赖技术支持的可能性，更依赖教学设计的策略和方法。由于学生的个体差异，其交往的方式和策略是因人而异的，教师要为学生设计多种可供选择的交往策略，并引导学生选择适合自己的交往策略。学习者既需要同步的集中交流，也需要随时随地的异步沟通；既需要身边人的合作与帮助，也需要更大范围内的网友、专家和导师的帮助。对于要进行教学交往的学生，教师在设计时应该考虑到学生个体的差异、小组的差异、交往技能的差异等，对于不同的交往主体，教师要提供或设计多种交往工具和交往环境，以保证顺利、高效地运行。

（五）创建学习共同体

教师要为教学交往创建一个学习共同体，使学生意识到自己是在一个团体中进行学习，感受到团体对自己的价值和意义。在学习共同体中，成员之间要互相信任和分享彼此的经验；教师要和学生一起制定开展活动的程序和规则，共同体成员要遵守相应的活动程序和规则；教师还要设计具体的协作任务，让学生了解其大致的活动过程，明白自己在各个环节中的主要任务，引导学习者的参与、合作和交流活动。学习者要增强"共同体"意识，成员之间要相互尊重，包括学生之间的互相尊重、师生间的互相尊重和对提供帮助的专家们的尊重，应该轮流听取各个成员的意见，对问题进行多角度的思考和讨论，从而将思维引向深入。

三、信息化教学的交往管理

在信息化教学交往过程中，教师的角色将从舞台的主角转变为幕后的导演。教师对教学交往的管理作用主要在于引导和促进学生正确与有效的交往，在交往中促进智力的发展、人格的培养。

（一）激发交往动机

现代心理学研究表明，人的一切行为都是由动机引起的，动机是激励人去行动以达到一定目的的内在原因。教师要改变传统交往中单向、被动、静态的交往现象，通过开放式的问题、情境、活动的设计，引发学生的交流意识。教师要耐心地聆听学生的发言，引导学生形成自己的看法，组织持不同见解的学生进行讨论。鼓励学生自由、大胆地参与探索和交流。同时，教师应根据学科特点，在教学交往中充分运用观察、实验、访谈、实地调查、网络浏览、搜索数据库等多种手段，通过组织学生讨论、演讲、比较、评价、修改等活动，引导学生不断迈向更高水平的深层次的交往。

（二）组织、监控交往过程

在信息化交往中，教师作为组织者和管理者的角色将更加突出。教师要合理组织交往过程，要为学生提供有关学习任务、学习进程、信息资源、评价量规和学习指导等方面的建议。教师要帮助学生建立交往的规范，这是学习共同体进行交往的基础。在交往过程中，教师要对整个交往过程进行监控调节，在与学习者的对话中提出问题和所要完成的作业，提供有关的个案研究及实际例子。同时，对于脱离主题的交往要善于发现、引导，并及时提供帮助与支持。教师要引导学生通过持续的概括、分析、推论、假设检验等思维活动，建构起新的知识，帮助学习者形成思考、分析问题的思路，教师要组织学习小组，引导和组织学生进行讨论与合作活动，使交往得以深入，通过组织好的群体互动来促进个体的发展。

（三）建立有效的反馈机制

在信息化教学交往中，教师要善于通过多种渠道、多种方式及时地获得学生学习中的各种反馈信息，并对获得的反馈信息及时评价，以对教学交往进行恰当的调节。如：教师可以利用基于计算机的各种工具支持对学习交往活动的规划设计，收集和保留关于学习者学习情况的信息，为促进学习者的学习提供有效的测评、反馈和建议，并在必要时进行有针对性的调节和控制；教师可以把学生的作业、作品等学习成果放在网上，教师和学生可以通过论坛、E-mail 等方式对作品提出帮助性的反馈意见；教师可以通过帮助学生建立成长记录袋、电子学档等形式培养学生对学习过程的自我评价、自我反思和自我调控的能力。

（四）成果展示、交流和评价

在交往结束后，学生应该将交往成果展示给大家，这种展示也是思维过程的展示，学生不仅可以从他人的成果中获得知识和信息，还能看到思维方式和解决问题的差异，有利于培养发散性思维。交往成果的形式依据活动的主题而定，可以是口头报告、故事，也可以是图表、论文、纪录片、研究报告等书面作品。活动可以采用班级交流会、戏剧表演、网上答辩等多种方式。

在学习交往过程中，教师要组织学生对交往成果进行评价。评价包括个人与小组的自我评价，也包括小组间、班级内的互相评价。评价要具有开放性与多目标性，不仅要评价学习成果，也要评价学习过程，提供更多积极的、有利于进一步交往的建设性评价。教师需要不断根据学习者交流、提交的内容评价各个学习小组的进展情况，评价每个小组成员的贡献，将过程性评价与最终的学业成绩联系起来。同时，教师也要鼓励学习小组及个人不断地进行自我评价和相互评价。

总之，在信息化教学交往过程中，教师要善于利用信息技术的支持，充分考虑学生的内在条件并结合交往的主题和内容选择多种交往形式，创设丰富的交往环境，培养学生学会倾听、交流、协作、分享的合作意识和交往技能。在交往过程中要让学生积极参与整个过程，发挥学生的主动性和调动他们的积极性，使信息化教学交往过程成为真正有效的教学交往。

第四节 教学过程的信息化管理

信息化教学管理就是利用计算机的数据管理和信息处理功能来支持教学过程的管理职能，帮助教师监测、调控、评价和指导学生的学习过程，并为他们提供有效的教学决策的帮助信息，以便提高教学活动的效果与效率。

一、信息化课堂管理策略

课堂教学管理是围绕师生教与学的需求，为了实现特定的教学目标而对影响课堂教学过程的各种要素进行的组织与协调，其目的是为教学创设良好的环境和条件，以促进学生有效地学习。传统课堂管理主要是以教师为中心的权威型控制管理模式，它通常是通过建立、实施和强化课堂规则及有关奖惩规定来实现的，它重视教师对学生行为的控制过程，强调教师对各种控制策略的运用。这种管理模式把时间和精力集中在控制学生上，而不是为教与学创设条件，因此，这种管理方式在一定程度上打击了学生的学习积极性与主动性，甚至有可能因管理和控制而导致更多的教学问题和困境。

信息化课堂管理和传统课堂管理相比，从管理目标、管理手段、组织形式、课堂学习环境、管理场域及课堂存在的主要干扰因素等方面都发生了变化。

信息化教学已经不再局限于单纯的知识授受，而是注重人的全面发展。信息化课堂管理应努力营造一种民主化的管理方式，它强调学生最大限度地参与学习，并注重教会学生自我管理；教师的管理角色应从权威者和控制者转变为组织者和协调者。适应信息化教学发展的特点，基于课堂的教学管理模式必须从传统的教师权威模式向对话、开放、参与、自主的民主型管理模式进行转化。

（一）创设积极的课堂环境和氛围

课堂环境包含多种因素，这些因素的相互联系和相互作用构成一个有机整体。信息化课堂教学管理应着眼于创建一种融洽有序的课堂学习环境，教师需要通过一系列管理策略来引导和建立积极有效的学习氛围，通过合理调动和组合各种学习资源，为教学活动的开展建立有效的支撑系统。在开展教学活动之前，教师要向学生详细说明他们在教学活动中的特定要求；在教学活动过程中，教师要鼓励、促进学生的积极行为，要创设平等、相互接纳的学习气氛，与学生进行沟通、对话、交流，给予学生及时而积极的反馈。另外，教师要善于树立积极的课堂期望，发展有效的沟通对话，通过创设一种积极、有效的课堂氛

围，提高课堂管理的效率。

（二）提倡学生参与课堂管理

教师和学生共同管理课堂，可以适当发展学生的自主能力和独立能力。许多学生都具有强烈的学习责任感，他们拥有参与、选择积极的课堂活动，与教师共享课堂管理的权力。当教师学会与学生分享课堂控制、尊重学生，并且把学生看作自我指导的学习者的时候，教师就能成功地培养出更加负责任、自治和独立的学生。

在学习任务、内容、方法、评价等方面，教师应给予学生选择、参与和决策的机会；学生自己选择、参与的机会越多，学习的责任感和积极性也就越高。教师可以根据活动目标与学生一起参与讨论并给予指导，而不是简单地施加命令；教师可以通过 E-mai、QQ 等多种渠道听取学生的建议，并根据学生的反馈意见来改善教学与管理。课堂规范应当由教师和学生一起制定，学习过程应体现学生的主体地位，学生进行相互评价和自我评价，学习活动尽量在具有自我管理功能的学习群组或学习共同体内进行。

（三）加强学生的自我管理能力

培养学生的自我管理能力是课堂管理的一个重要目标。在信息化教学过程中，由于计算机技术的支持，学生的自主学习、基于网络的协作学习、探究学习在教学中日益增多，培养学生的自我管理能力显得尤为重要。自我管理能力的获得，有利于学生从他律变成自律，更为重要的是，这种技能一旦获得，学生可以终生受用。

教师可以采取一些适当的措施来帮助学生形成自我管理能力，如：鉴别和限定相关的行为，明确自我管理的对象和目标；指导学生建立自我管理程序，如：学习进度表、检查表、在计算机上建立用于收集个人学习资料和学习作品的电子档案袋等；帮助学生分析自己的学习策略和学习状况，引导他们成为学习过程的自我监控者和管理者，并学会对自我管理的效果进行评价与反思。借助成长记录袋、电子学档、Blog 等信息工具进行学习评价和反思，培养学生的自我计划、自我监视和自我调节能力等。

二、计算机教学管理系统

（一）CMI 系统的功能

计算机管理教学（CMI）是指应用计算机从事教学活动的管理。CMI 系统主要包括制定教学目标、规划教育资源与进度、安排教材、提供练习与测验、统计分数、统计个人与班级进度报告、个别咨询等教学与管理功能。

①目标管理。允许教师描述教学目标。目标大小因系统管理水平高低而异，大到培养方案，小到教学单元，目前多数的系统主要管理课程级的目标。②活动管理。通过建立课时表安排教学活动，按教学活动的性质调配教学资源；提供电子通信工具（如 E-mail）供师生交流、通信使用。③资源管理。可以帮助教师收集、编制与管理各种学习材料，可以是计算机内存储的课件，也可以是关于其他媒体素材的索引。可以进行一学期一次的课表编排，即静态的资源分配，还可以根据处方为学生动态分配资源。资源管理的目的是有效利用时间、空间和教学媒体。④测试。提供了试题存入、检索、修改与删除等功能，允许教师描述测试的目标、覆盖范围、难度等属性，根据要求自动从题库中抽取题目组成试卷，印出书面试卷供脱机测试，或保存为电子试卷供联机测试。⑤诊断与咨询。利用系统中记录的有关学生学习情况的数据，为学生提供诊断和咨询服务。例如，根据这些数据确定学生的学习进程是否朝着预定的目标前进，并制定相应的处方，为学生分配适当的学习任务；根据这些数据推测其学习能力和知识结构，进而提出有关其专业方向和进修计划的建议；根据所记录的关于教学过程的信息，为各类教学参与人员编制报告等。

（二）CMI 系统的结构

CMI 系统的结构与教学管理模式密不可分。有学者从"个别化—集体化""教师—学生"两个维度对 CMI 管理模式进行分类，把教育计划管理系统置于中心地位，作为宏观的 CMI 系统来协调分处不同区域的学习监控系统、课堂信息系统、学习顾问系统和教育群件系统。教育计划管理系统与各类不同 CMI 系统相交部分（T1、T2、T3、T4）可作为 CMI 教学测评系统。

①学习监控系统。监测与控制学生，能为学生自动分配学习任务，提供学习与诊断性测试，评阅练习与测试，提供分析报告和跟踪学习进程。②课堂信息系统。自动采集反映课堂教学过程中的学生行为数据，并进行数据处理分析与提供结果报告，教师可以获得关于学生群体特征和个人与群体之间关系的信息。③学习顾问系统。能够为学习者个人就学习目标的设定、学习材料的选择、学习技术的配合等方面提供指导性建议。④教育群件系统。能够管理与协调学生的合作性学习活动，包括学习群体的形成、学习活动的协调、学习信息的传输与整理。⑤教育计划管理系统。能够进行学生培养方案层次的管理，包括整体培养目标的选择、课程计划的编制、学习资源的调配、宏观学习进程的检测与控制等。⑥教学测评系统。在教学活动后，通过有目的、有计划的测试，对学生学习后的行为做出合理的评定。传统上，教学测评主要依赖于选择题形式，注重对学习结果的评价，适合客观主义倾向的教学测试（T1 和 T2）。随着评价理念的更新，评价更多侧重于学生的学习过程，更多采用表现性的评价方式。目前，正在积极探索利用计算机支持建构主义倾向的

教学测试（T3 和 T4），如进行基于电子学档的评价等。

三、网络教学管理系统

随着教育信息化的不断发展，单机版的教学管理系统已难以满足教学管理和资源共享的需求，因此，它正被网络教学管理信息系统逐步取代，教育资源的收集、交换、存储、处理和利用将更多地通过各种网络通信系统进行。网络教学管理主要集中在两个方面，即教育资源管理和学习过程管理。

（一）LMS 学习管理系统

学习管理系统 LMS 是侧重在网络上对教务教学、行政事务进行管理的平台，其目的是简化对学习和培训的管理。LMS 包括用户注册管理、课件目录管理、学习者的信息数据记录以及向管理员汇报等功能。LMS 提供的基本功能有：管理知识对象功能，如安排和编辑在线离线的学习资源；启动在线课件，将 LMS 课件连接到互联网；发送对学习者的评估信息及测试报告；评估学习者能力，根据评估信息建议学习者的学习课程及管理学生的学习进度。

目前的网络学习管理平台普遍属于 LMS。对学习者来说，LMS 可以帮助他们自主安排学习过程，并提供与其他同伴交流和协作的空间；对管理者和教师来说，有助于了解、追踪、分析和报道学习者的学习情况，以做出正确的决策。绝大部分 LMS 都不具备教学内容制作的功能，LMS 使用者须另外提供内容制作工具。LMS 的最小可管理单位定位在某一门课程，即 LMS 的可重用性涉及的资源粒度为课件层。

（二）CMS 内容管理系统

内容管理系统 CMS 用于大数据的储存和恢复，在数据库中可以存储文本、声音、图像等。此外，内容管理系统也提供版本控制、注册、注销等功能。采用强大的内置搜索功能，用户输入关键词，就可以快速地从数据库中找到需要的信息–信息创建日期、作者姓名或其他搜索标准。内容管理系统经常用于为组织创建信息入口，作为知识管理的基础，也可用于组织管理文档和媒体资产。

（三）LCMS 学习内容管理系统

学习内容管理系统 LCMS 是在整合 LMS 和 CMS 功能的基础上发展而来的管理系统，它能够比较灵活地创建、存储、发布和管理以学习对象形式存在的各种个性化学习内容。LCMS 主要为开发人员提供一种学习内容的开发环境，使开发人员可以利用学习对象库创建、存储、管理和发布学习内容。学习内容管理系统一般情况下是在学习目标模式上的内容管理，这种管理系统通常都有很好的搜索功能，便于课件开发人员快速找到所需的文本或媒体。

学习内容管理系统中引入了学习对象的概念，尽量将学习内容和其描述信息分离，内容一般会在 XML 中标示，系统间的交换数据格式为 XML。这样，不同的 LCMS 系统可适用于各种格式的对象以及不同的平台，确保了学习对象和 LCMS 系统间的互操作。

LCMS 结合了 LMS 的学习追踪、管理和 CMS 的内容创建、发布、管理，在可重用学习对象和相关网络教育技术标准的基础上，设计出一个即使没有任何编程经验的资源专家、教师或课件制作者也能方便地设计、创建、发布和管理网络的课件。同时，LCMS 能提供给学习者个体学习和认证，教育机构能追踪学习者的学习进度，并能及时调整以适合学习者的学习需要。

学习内容管理系统旨在为用户提供一个可制作学习内容、存储学习对象、管理学习和动态发布个性化学习内容的网络教育应用系统。

LCMS 原型系统主要由学习对象库、内容制作工具、动态发布接口和管理软件四个部分组成。其中，学习对象库、内容制作工具、动态发布接口为核心模块。

①学习对象库。能存储和管理学习内容的数据库。②内容制作工具。允许没有编程经验的制作者创造新的或重用已有的学习对象来快速制作标准化学习内容。它能根据教育设计的基本原理，向制作者提供制作模板和导航机制来实现制作的自动化。通过对模板的使用，制作者能够重用学习对象创作新的学习内容，或者把新的对象和旧的对象集合在一起。③动态发布接口。能根据学习者的学习状态、开始学习前的测试结果或用户的检索请求来动态地发布学习对象。④管理软件。是一个能管理学生记录、启动课程、跟踪学生学习进度的应用软件。

学习内容管理系统的研制和开发，克服了传统教学管理系统教学内容开发过程与学习管理过程相分离的问题，使学习内容的共享和教学系统的交互成为可能。

第六章 信息化背景下初中微格教学技能与评价

第一节 微格教学的特点与作用

一、微格教学的特点

微格教学一般包括以下几个步骤：①事前的学习和研究。学习的内容主要是微格教学的训练方法、各项教学技能的教育理论基础、教学技能的功能和行为模式。②提供示范。通常在训练前结合理论学习提供教学技能的音像示范，便于师范生对教学技能形成感知、理解和分析。③确定培训技能和编写教案。每次训练只集中培训一两项技能，以便师范生熟练掌握；微格教学的教案具有不同于一般教案的特点，它要求说明所应用的教学技能的训练目标，并要求详细说明教学过程设计中的教学行为是该项教学技能中的哪项技能行为要素。④角色扮演。在微型课堂中，十几名师范生或进修教师轮流扮演教师角色、学生角色和评价员角色，并由1名指导教师负责组织指导，1名摄像操作人员负责记录（可由学员担任）。一次教师角色扮演约为5~15分钟，并用摄像机记录下来，评价员填写评价单。⑤反馈和评价。重放录像，教师角色扮演者自我分析，指导教师和学员一起讨论评议，将评价单数据输入计算机进行定量的综合评价，进行师生相互作用分析。⑥修改教案后重新进行角色扮演。对反馈中发现的问题按指导教师及学员集体的建设性意见修改教案，经准备后进行重教。重教后的反馈评价方法与角色扮演相同。若第一次角色扮演比较成功，则可不进行重教，直接进行其他教学技能的训练。

微格教学将复杂的教学过程作了科学的细分，并用现代化的视听技术，对细分了的各项课堂教学技能逐项进行训练，帮助师范生掌握有关的基本教学技能，提高他们的教育、教学能力。在微格教学过程中，强调技能的分析示范、实践反馈、客观评价等环节。总括起来，微格教学过程有如下特点：

（一）训练内容单一集中

微格教学打破了传统教师培训的模式，将复杂的教学行为细分为容易掌握的单项技能，如：导入技能、讲解技能、提问技能、强化技能、变化技能、演示技能、板书技能、结束技能等。每一项技能都是可描述、可观察和可培训的，并能逐项进行分析研究和训练。在教学过程中侧重训练和矫正某一具体教学技能，而且可以把这一教学技能的细节加以放大，反复练习。这种对某一教学技能的集中练习，学生容易掌握，更容易达到预期的效果。培训者在训练过程中逐一掌握各项受训的教学技能，最终提高综合课堂教学能力。这种教学方式无论是课堂长度、范围、学生人数和授课时间等都相应简化。由于它是一种内容单一、目标明确具体、时间短、参加人数少的教学形式，因此，微格教学又称微型教学。

（二）反馈评价及时全面

微格教学利用现代化视听设备作为课堂记录手段，真实而准确地记录了教学的全过程。受训者可以直接从记录中观察教学技能的应用、教学内容的表达以及交流方法的优劣，获得自己教学行为的直接反馈。感受及时、直观、真切，从而避免了许多主观因素。而且还可运用慢速、定格等手段在课后进行反复观摩、讨论与分析，克服了时空限制，并能更好地注意到细节问题。受训者得到的反馈信息不仅来自指导教师和听课的同伴，更为重要的是来自于自己的真实教学过程。受训者从第三者的立场来观察自己的教学活动，产生"镜像效应"，可收到"旁观者清"的效果。

（三）角色转换多元

有效微格教学冲破了传统的理论灌输式的教师培训模式，运用现代化的摄像技术，对课堂教学技能的培训既有理论指导，又有示范、观察、实践、反馈、评议等内容。在微格教学的教学理论研究和技能分析示范阶段，师范生担当的是学习者的角色，既能学习教学技能方面的理论分析，又可以观察到形象化的录像示范。这时师范生要听、要看，还要与自己原有的教学实践认识进行比较分析，既调动了多种感官参与，也激发了学习积极性。在实践阶段，师范生的角色又转换为执教者，将前面所学习的教学技能理论融合到自己设计的微格教学片断中去。到了观摩评议阶段，师范生的角色又转化为评议者。必须要用学到的理论去分析、评议教学实践，不仅要评议同伴的教学实践，还要进行自我评议。如此不断的角色转换，有利于调动学生的学习积极性，从不同角度加深对教学技能的认识和掌握。

二、微格教学的作用

（一）有助于教学理论向教学实践的转化

从事教育研究的研究者创造的理论通常是比较先进的，而从事实践教学的教师却因理论水平相对较低，很难将理论自如地应用到日常教学中。教育理论向教学实践转化的过程往往比较缓慢，这是长久以来无法改善的事实。在微格教学中应用新理论、新方法，钻研新教材，运用新的课堂教学策略，从而使受训者不知不觉、潜移默化地"消化、吸收"教学理论，大大缩短了理论应用于实践的进程，促进了教学理论向实用性的方向发展。

（二）有助于师范生教学能力的培养

基本教学技能和综合教学策略的学习和训练为师范生的教学实习打下了良好的基础。从各个分技能和分策略的训练到完整课的实践符合新教师成长的一般规律。完整的课堂教学过程是各项教学技能、教学策略的综合运用，只有对每项细分的策略都反复培训、熟练掌握，才能形成完美的综合艺术。目标明确、操作具体可控的教学策略训练便于师范生观察模仿，减少了教学的复杂程度，模拟的教学环境可以减少真实教学所造成的心理压力，使师范生比较顺利地迈出从学生到教师的第一步。微格教学的实践过程，弥补了传授纯教学理论的抽象性，便于师范生接受内化。

（三）微格教学有助于丰富教学理论

微格教学对各项课堂教学技能、教学策略的研究丰富了教育理论、心理学理论和教学论研究。微格教学具体到学科，它对课堂教学中应具备哪些基本教学技能和教学策略，各项技能、策略的特点是什么，形成规律是什么，如何掌握，如何运用等问题进行了深入研究，开创了对教学能力深层次问题的研究。同时对微格教学的研究，也有利于丰富微格教学理论。

第二节　教师的专业技能

作为一种职业要求，教师必须具备一定的专业技能，这些技能包括语言表达能力、领悟现代教育理念的能力、课堂教学能力、教师的应变能力、教学组织管理能力、教师的反思能力、终生学习的能力、教育科研能力和教育教学评价能力。

一、语言表达能力

语言是教师向学生传达信息、沟通交流、教育学生的主要形式和最重要的工具。它包括口语表达能力、书面表达能力、体态语能力。新课程理念下，教师必须具有较高的语言表达能力。教师的语言必须有启发性、准确性和清晰性等特点。

优美动听、绘声绘色、十分健谈的语言表达能力是成为优秀教师的基本要素。师范生的课堂上学生应有更多的口语表达能力的锻炼机会。

二、领悟现代教育理念的能力

对现代教育理念的正确认识，是现代信息化教育的关键。按照现代信息化教育理念，在整个教学过程中，要充分突出学生在学习过程中的主体地位，让学生真正参与到教学中，教师要发挥其主导的促进和指导的作用。发展和培养学生发现问题、分析问题和解决问题的能力，达到让学生自己会学习及终生学习的能力，要学会因材施教等。教师要深入领会和践行新课程理念，师范生应积极锻炼，提高领悟现代教育理念的能力。

三、课堂教学能力

教育之本。课堂教学能力主要表现在教师备教材、备学生和备教法的能力。教师要把握住教材的重难点，用教材又不拘泥于教材，了解和掌握学生的情况和特点，根据学生的个性特点和能力，因材施教，选择一种合适的教法或几种教法的整合，高效完成教学。教师应将新的信息化教学理念融入自己的教学设计中去，通过教学实施达到传授知识、启迪智慧和教书育人的目标。师范生要利用现代信息技术锻炼提高课堂教学能力。

四、教师的应变能力

如何调控课堂以使教学顺利、高效完成，就得依赖教师的应变能力。与其说这种应变能力是"急中生智"，倒不如说是教师教学经验的长期积累，更是深思熟虑与果断决定相结合的结果，体现了教师课堂掌控的能力。师范生要不断学习，拓宽知识面，除了学好自己的专业知识外，还应拓宽知识面，更多地关注社会热点问题，锻炼自己的应变能力。

五、教学组织管理能力

教学组织管理能力是教师最基本能力之一，教师教学组织管理能力主要包括课堂教学、课外活动和班务工作等组织能力。课堂上，教师要唤起学生的学习兴趣，使之全神贯注；灵活处理课堂偶发事件；发扬民主但不放任学生。课外活动中，教师要对课外活动全过程做到有计划和精心安排；整个课外活动要让学生亲身体验、亲自动手、大胆尝试，充分发挥学生的主体作用，发挥教师的组织引导作用。教师的班务工作能力也至关重要，它是教学顺利实施的保障。

六、应用多媒体技术教学的能力

《基础教育课程改革纲要（试行）》提出：要努力改变传统教学中以往教师"教"、学生"学"教学内容的现象和达到师生间的互动，可以通过在现代教学中加大现代信息技术的比重，进而使得现代信息技术和学科课程整合而实现。因为在现代教学中，若能有效利用现代的信息技术，可以为学生的学习和发展提供一种全新的丰富多样化的教学环境以及不同以往学习的便利的学习工具。

七、教师的反思能力

美国心理学家波斯纳认为，没有反思的经验是狭隘的经验，最多只能算是肤浅的知识，他提出教师成长的公式：成长＝经验＋反思。教师只有对教学活动及时思考，分析哪些值得发扬，哪些做得还不够好、有待改进。教师只有不断地进行反思，不断发现问题、分析问题和解决问题，将现代信息化教育理念内化，自主研究自己的教学，才能使得自己的教学更加有效。

八、终生学习的能力

当今社会发展迅速，知识更新速度前所未有，以往那种职前一次学习、终生享用的传统教师培养模式已经不能适应当前教师的发展，"再学习"是教师职业的必然选择。教师在教学反思时遇到的新问题与新情况，也都必须通过自身的学习来解决。因此，教师必须具备终生学习的能力。

九、教师的人际交往与团队合作能力

现代信息化教育要求教师要与学生构建和谐、平等、合作的师生关系。要实现这种师生关系，必须依靠教师与学生沟通、合作交往；教师与各科任教师、学生家长都不可缺少沟通和交流；现代教育改革实现了学科课程间的渗透整合，开设了综合课程和综合实践课程，开展科学研究课题，等等，这些重要工作需要教师之间加强合作和交流，依靠团队协作去完成。

十、教育科研能力

教师要想成为"教育家"，教育领域的科学研究是必不可少的。"有教无研则浅，有研无教则空"是对教学与教学研究关系的最好诠释。通过教育科学研究使教师成为新教育理念、教育内容和教育方法的实践者与研究者。教师必须具有一定的创新意识、创新能力和创新精神，在教育教学中不断研究探索，发现问题和创新性地解决问题。

十一、教育教学评价能力

教育教学评价改革是现代信息化教育改革的重要组成部分。课程培养目标的实现、课程功能的转向和落实、新课程改革实施的效果都取决于教育评价的目的功能、目标体系和评价的方式方法是否恰当。信息化的教育教学评价倡导"立足过程，促进发展"的基本理念，这种评价体系更加关注学生的进步和学生多种潜能的发挥，更加注重发挥激励和改进功能。师范生要了解这些新的评价理念，同时要积极投身于新课堂管理模式中，体悟这种评价的导向作用。

教育之本，而课堂教学能力体现在教师的课堂教学技能上。教学技能是教师的教学行为，教学技能是在课堂教学中教师运用专业知识及教学理论促进学生学习的一系列教学行为方式。微格教学主要是针对教师课堂教学技能进行分解微格培训的，因此，教学技能的分解决定了微格教学培训的内容，技能分解的科学性决定了微格教学的实效性。

第三节　信息化环境下的微格教学技能分类

信息化环境下的课堂教学又促生了很多新的教学技能。立足于促进学生学习的学习指导技能，包括观察指导技能、倾听指导技能、阅读指导技能、思维指导技能、讨论指导技能和练习指导技能。素质教育对教师教学技能的新要求，如：设计教学问题情境的技能、组织学生进行合作学习的技能、组织学生进行研究性学习的技能和教会学生学习的技能。这些新技能的提出，为教学技能的分类注入了新的血液。使其能适应教学观念的改变与更新，能更好地体现教师作为学生的指导者和引导者的角色，更好地体现学生在教学中的主体地位。

在传统微格教学技能的分类基础上，结合信息技术教育的发展和影响，信息化环境下的微格教学可以进行这样一些基本技能的培训，包括：①讲解技能；②情境创设技能；③提问技能；④演示技能；⑤自主学习指导技能；⑥观察技能；⑦学习资源组织技能；⑧反馈评价技能。其中，自主学习指导技能又包括了探究学习指导技能、合作学习指导技能、课堂活动指导技能等。

一、讲解技能

讲解是课堂教学的最基本形式。讲解技能是指教师利用语言及各种教学媒体引导学生理解重要事实，形成概念、原理、规律、法则等的行为方式。其特点是用语言传递教学信息，它与其他教学技能配合常用于科学知识的传授，帮助学生解决疑难问题，促进师生间的思想、情感交流等，是教师向学生传授知识、培养能力、进行教育的主要手段。研究表明，如果讲解技能运用得好，在知识的传授中可以达到省时、省力、高速、高效的目的。讲解便于教师、学生双向信息的交流。教师面传、口授，学生入脑、入耳、入心，及时反馈，简便易行，省时省力。

讲解技能实际包含两层含义：一是语言表达技能；二是教学内容讲解技能。以往很多学者在微格教学技能分类中，常常把这两种技能独立开来，简单的字面理解似乎是有道理的，但从微格教学的实践培训上考量，还是合并较为实际。因为讲解主要的表达形式在于语言，讲解的技能实际上是通过语言表现的；反过来说，离开了内容讲解的教学语言，从形式表达到实际微格教学培训都是不成立的。讲解技能的形式是教学语言。教师良好的教学语言修养与表达技巧，常常使教学艺术锦上添花。相反，教师教学语言表达不清，往往导致教学的失败，直接影响教学的效果。内容讲解是指讲解的结构。讲解结构是指讲解内容和方式的组成及其相互联系。在讲解技能中，讲解结构应首先围绕讲解主题构建，导论、议论和推论（或结论）三部分都应紧扣主题；然后在明确讲解内容间的内在联系的基础上，设置系列关键问题，通过这些问题激发学生的求知欲，集中学生的注意力，并组成清晰有序的讲解整体结构。掌握良好的教学语言表达艺术，清楚地阐释学习内容应该成为教师自觉的追求，因此，讲解技能是微格教学培训的基本技能之一。

二、情境创设技能

教学情境是指在课堂教学中，根据教学的内容，为落实教学目标所设定的，适合学习主体并作用于学习主体，产生一定情感反应，能够使其主动积极建构性的学习具有学习背景、景象和学习活动条件的学习环境。教学情境就其广义来说，是指作用于学习主体，产生一定的情感反应的客观环境。从狭义来说，则指在课堂教学环境中，作用于学生而引起其积极学习情感反应的教学过程。它可以综合利用多种教学手段，通过外显的教学活动形式，营造一种学习氛围，使学生形成良好的求知心理，参与对所学知识的探索、发现和认识过程。

教学情境创设可以贯穿于全课程，也可以是课程的开始、课程的中间或课程的结束。以往的微格教学技能分类中有"导入技能"，其主要特点是仅指在课堂教学的开头部分进行创设情境。信息化环境下新课程的实施，课程功能和目标的调整，基于问题情境、以问题研究为平台的建构性教学成为课堂教学主流，教师的"创设教学情境能力"也随之成为重要的教师专业能力。

创设教学情境是课堂生活化的基本途径。创设教学情境是模拟生活，使课堂教学更接近现实生活，使学生如临其境、如见其人、如闻其声，加强感知，突出体验。

现代教学理论认为，构建"问题情境—建立模型—解释、应用、拓展"的基本教学模式，是课堂教学的主要形式。根据这个理论，创设情境大致有以下几种：

创设悬念情境：针对学生的年龄特征与心理特点等，在新课引入时，依据教学内容创设制造悬念来诱发学生的学习兴趣。

创设信息情境：在课堂教学活动中，教师要提供一些开放性、生活性、现实性的信息，让学生根据教师所创设、提供的信息，提出、解决教学问题。学生都可以进行创新意识和实践能力的训练，这样可以使每个学生都真正感到学习的乐趣。

创设生活情趣：生活是教学赖以生存和发展的源泉。因此，教学必须从抽象、枯燥的形式中解放出来，走向生活，使教学生活化。

创设求异情境：求异思维是不依常规、寻求变异，对给出的材料、信息从不同角度向不同方向，用不同方式或途径去分析和解决问题的思维方式，是创造性思维的一种主要形式，教师要善于选择具体例题，创设问题情境，引导他们的求异意识。对于学生在思维过程中时不时地出现的求异因素要及时给予肯定和热情表扬，对于学生欲寻异解而不能时，则要细心点拨、耐心引导，帮助学生获得成功，让他们在对于问题的多解的艰苦追求并且获得成功中，享受创造性思维活动的乐趣。

三、提问技能

在呼唤创新人才的今天，培养学生问的勇气、问的方法、问的能力，才能唤起学生创新意识，激发学生创新欲望，激活学生创新思维，提高学生创新能力，从而造就符合时代要求的创新人才，完成新时代赋予课堂教学的使命。课堂提问是师生互问、生与生互问，让学生在质疑、交流、争辩的过程中主动获取知识，培养学生的问题意识，培养学生问的勇气、问的方法、问的能力，以达到培养创新人才的目的。课堂提问是教师教学的重要手段。提问是课堂教学活动的有机组成部分，教师教学提问方式、技巧和艺术水平的高低，直接影响着教学的质量和效果。提问是教师促进学生思维，评价教学效果以及推动学生实现预期目标的基本控制，也是教学环节中的主要部分。课堂问题有利于发展学生的个性。学习的过程实质上是学生在学习中不断地从"生疑"到"质疑"再到"释疑"的过程。在教学实际中，教师只有下功夫提高课堂提问技巧和艺术水平，才能保证教学的质量和效果，从而有利于学生感悟知识、揭示矛盾、发展思维和发展个性。

信息化环境下的提问技能是教师在教学活动中运用各种教育技术及其教学资源向学生质疑，并通过学生解决问题，达到启发心智、发展知识和基本技能的教学行为活动方式。其具体的行为活动表现为：①教师可以直接口述问题进行提问。②教师可用各种实际操作、教学演示对问题加以表述。③教师可列举实际事物状态变化或有情节的事件来设置疑问。④教师可充分运用信息技术及其教学资源为学生设置疑问。

如利用计算机辅助教学的方式进行提问，或通过网络向学生提供问题信息资源，实现提问的目的。在解决问题过程中，要注重引导学生通过自主探究使问题得到解决。

课堂提问作为微格教学培训的教学技能之一，它主要体现出下面这样一些作用：①增进师生交流。教学活动是教师和学生共同参与的双边活动，而课堂提问能很好地促进师生之间的交流互动，和谐师生关系，营造良好的教学氛围。教师在尊重学生的前提下进行教学提问，讲求提问的态度、方法和技巧，就能保证师生交流渠道的畅通。②集中学生注意力。课堂提问能增强教学的吸引力，像磁石般把学生的注意力牢牢吸引，从而使课堂教学活动得以顺利进行，是教师教学目标能顺利实现。③激发学生的兴趣。好奇是人类的第一美德。兴趣是最好的老师，教学的最大失败是学生厌学，教学的最大成功是学生乐学，所以，通过教学提问激发学生强烈的求知欲望，创造浓厚的学习氛围，使教学走向成功的关键之一。④促进学生思维的发展。课堂教学一个最主要的作用是促进学生思维的发展。问题是思维的表现形式。教学中一个巧妙的提问，常常可以一下子打开学生思想的闸门，使他们思潮千万，引导他们发展智力，提高思维能力。⑤锻炼学生表达能力。学生语言表达能力的形成和水平的提高总是离不开一定的语言表达能力情境及其相应的活动。教师要把学生置于一个正确的位置上，放手发动学生，让他们敢于发言，敢于回答提出的问题，给学生自由表达自己思想的空间，从而使他们在语言上得到锻炼和成长。⑥提供教学反馈信息。通过课堂教学提问，师生都能从中获得各自有益的反馈信息。教师可以通过提问了解学生对知识的了解程度，检查学生对所教知识的重点、内容的掌握情况，探明学生知识链条上的漏洞和产生错误的原因，全面掌握学生的差异和个性特点，反省自己教学中的不足或错误等。

四、演示技能

从概念上说，演示技能是教师进行实际表演和示范操作，运用实物、样品、标本、模型、图画、图表、幻灯片、影片和录像带提供感性材料以及指导学生进行观察、分析和归纳的方式。在今天信息化的课堂教学中，演示技能又突出强调了数字学习信息的展示、虚拟实验的演示、新技术新媒体的操作应用等技能，其中也包括了现代数字化的板书技能。

因此，狭义的演示技能可以说是教师教育技术技能。

教师的教育技术技能又可称为教学中的信息技术技能，是指教师在教学过程中必须具备的基本信息技术素养。信息化社会教师的信息素养包括信息知识、信息技能、信息意识和信息道德四个方面。信息知识是教师具有信息素养的基础，指的是对信息科学知识（概念、原理、方法）的了解和对信息工具（硬件、软件）相关知识的掌握。信息技能是教师对信息系统的使用以及获取、分析、加工、评价、传递、存储、管理信息的技能和应用信息、创造新信息的能力。信息意识是教师对信息的敏感度，即对信息的感受力和持久的注意力，能够意识到信息的作用和价值，对信息有积极的内在需求，对获取、处理和应用信息表现出一定的兴趣。信息道德是教师在获取、处理和应用信息过程中遵守有关的法律、法规和道德规范，在信息活动中不危害社会或侵犯他人合法权益的表现。

在微格教学培训中，教师的教育技术技能一般是通过教学演示体现出来的。其外在表现是多媒体演示课件制作和演示、教学中涉及的各种媒体及软件的操作等。比如：教师在操作某一个软件时，讲解过程中，鼠标点击的准确程度都可能对教学的效果产生影响。教师教学课件的演示往往也是教师备课的反映。上课前学习资源的组织与整理，对课件的演示有直接的关系。因此，数字化学习内容的演示反映出教师在基于信息化的教学实践基础上，根据社会信息环境的发展要求，对信息进行检索、获取、分析、处理以及利用信息解决课堂教学中实际问题的能力。在现代的教育信息化中，特别要求学科教师能够熟练地应用现代多媒体信息技术与本学科相结合，提高课堂教学质量和教学效果，即课程整合能力。

五、学生自主学习指导技能

学生的自主学习是与传统的接受学习相对应的一种现代化学习方式。顾名思义，自主学习是以学生作为学习的主体，通过学生独立的分析、探索、实践、质疑、创造等方法来实现学习目标。建构主义认为，学习不是一个被动消极地从外界接受知识的过程，而应该是一个积极主动地建构知识的过程。一些教师存在一种误解，认为只要教给学生学习方法就等于实现了学生自主学习。但事实并非如此，要实现学生的自主学习需要一个过程，这个过程既是学生对学习方法不断运用、体会、内化的过程，也是教师指导的过程。

学生在教学活动中的自主性，首先，体现在具有明确的学习目标（短期目标和长远目标）和积极的学习态度，在教师的"指导"启发下独立自主地感知教材、理解教材；其次，在教师的"指导"下逐渐养成对学习活动积极的自我支配、自我控制和调节，根据自身的特点，自定学习步调，充分发挥自身的潜力以达到更高的学习目标。教师要正确看待学生的自主学习，及时转变教学观念，在树立正确的学习观和科学的质量观的同时，不断更新知识、研究和探讨如何通过教师的指导促进学生的自主学习。因此，在现代课堂教学中，指导学生自主学习的技能应该也是教师的基本技能。

教师要想方设法提高学生学习的主动性，让学生自觉地确立学习目标，制订学习计划，总结学习方法，建立认知结构，从学习知识、解决问题的过程中获得某种满足感，并以兴奋活跃的思维状态去面对课堂知识和技能。教师在教学中不仅教给学生学习方法，而且应注重对深挖教材、发现问题、解决问题等学法的指导。在探究新知的过程中，运用合作探讨方式进行教学，使学生通过动手操作、动口讨论，发表自己的感受，充分体现其在学习活动中的主体作用，从而能够主动地获取知识，并及时交流，使学生之间互相学习，共同进步。

（一）探究学习指导技能

探究式教学是指在教师指导下，学生运用科学探究的方法（即学生用以获取知识、领悟科学的思想观念、领悟科学家研究自然界所用的方法而进行的各种活动，包括观察、测量、制作、提出假设、进行实验、提出模型和交流）进行学习，主动获取知识、发展能力的实践活动。在现代课堂教学中，教师以培养学生的创新精神和实践能力为目的，因而知识与能力的获得主要不是依靠教师进行强制性灌输与培养，而是在教师的指导下由学生主动探索、主动思考、亲身体验出来的。

教师的引发探究技能主要包括创设问题情景的能力：教师利用实验器材、现代信息技术创设特定的学习情景。如：观察、实验、案例分析、研究图片、阅读材料等，在教师的引导下学生提出科学的问题；提出适宜课题的能力：学生进入学习情景后，通过引导、讨论，教师向学生呈现待探究的学习课题，同时提供解决问题所需的信息资料、实验仪器；引导学生自主探究的能力：在学生的自主探究过程中，给予学生恰当的引导和指导，使学生可以有效地学习；总结、点评能力：教师对本课的学生探究活动和探究结果进行适当的补充、总结和评价。教学过程中引发探究的教学技能不仅体现在关注学生"知道什么"，更关注学生"怎样才能知道"，在"让学生自己学会并进而会学"方面下功夫，通过学生的主动参与、亲身体验促进学生对科学知识的"动态建构"。

（二）合作学习指导技能

合作学习指导给学生们选择好合作学习的内容，创造合作学习的机会，让他们在合作学习中学习合作。许多教师认为，让多个学生组成一组共同完成任务，这就是合作学习。其实，组成小组只是形式，而实质在于小组是怎样构成的，合理分组才能达到有效合作学习的目的。小组合作学习多是采取异质分组的分组原则。每个合作小组的内部成员在性别、性格、学习成绩等方面要具有差异，这样才能保证在学习中各个同学能够各尽所能、互相帮助，从而得到不同的锻炼。教学中教师技能所体现的方面是在让学生学会"倾听、质疑、评价、整合"这些基本的合作技能方面。同时还要善于引导学生精心选择合作学习的内容，应根据课文的重点、难点、学生的疑点，有选择性、有针对性地设计小组合作学习内容。教师也要选择那些具有一定的挑战性、开放性、探索性的问题去开展合作学习。教师有意识地组织学生进行小组讨论，发挥学生的主体作用与小组合作力量，调动学生的积极性，共同探究，既达到了学习目标，同时也培养学生探究问题能力与协作精神。

教师指导技能还体现在不要急于讲解，而是留一定的时间，让学生针对自学过程中所遇到的问题相互交流、互相切磋、互通"有无"，以使"教学相长"，培养学生自主学习能力。在解答开放性问题时，开展小组合作学习。为促进学生的发散思维、创新意识的培养，在教学中，教师可适当设计一些开放性问题。当学生给出答案可能是五花八门时，可组织学生进行小组合作学习，让学生把自己的结论有依据地展示出来，对学生的不同解法广泛进行交流，并及时反馈，扩展学生的解题思路。

（三）游戏活动指导技能

课堂游戏活动指导是指教师通过组织学生进行课堂游戏活动并进行合理的指导而使学生在课堂中寓教于乐，主动探求、主动实践、主动发展。游戏活动指导的关键在于娱乐与学习内容的联系性。对于教师而言，教学目标是明确的，教学内容也是确定的，要想打破以往讲解式的教学方式，根据具体的情景，恰如其分地运用游戏进行教学，并取得最佳的教学效果，游戏化的教学设计就显得非常重要。教学中的游戏一般是把教学内容，尤其是教学重点、难点与学习者的生活实践、个人经验等有机地结合在一起，并以娱乐的形式适当安排到教学过程中去，从而激发学生的学习兴趣，调动学生的积极性，为学生知识与技能的获得，过程与方法的掌握，情感态度与价值观的培养，以及主动参与学习活动创设最佳的情景，使学生能自如地发挥自身的潜力，在完成学习任务的同时，养成良好的习惯，提升内在的素质。值得提出的是，在教学中设计游戏的最终目的是为了实现教学目标，而不是为游戏而游戏。

有调查研究表明，课堂游戏活动是学生们最喜欢的教学方式之一。学生在游戏过程中，通过情景创设、角色扮演、合作、竞争、对抗的方式，往往可以沉浸于情境之中。因此，教师的活动指导技能一方面体现在课堂活动的设计上，另一方面也体现在活动的过程指导中有效地掌控教学活动的气氛、方向和学习效果。

六、观察技能

课堂观察技能是教师必备的基本功之一，尤其在信息化环境下的课程教学中，学习评价方式的改变，对教师的课堂观察提出了更高的要求。掌握观察技能的实施要点，有目的地进行技能的系统培训是当务之急。固然，老教师可通过长期的经验积累和自我摸索获得此项技能，但耗时费力，颇有损失。利用微格教学方法进行此项技能培训是行之有效的，通过必要的理论学习和技能摄像反馈可获得较为显著的效果。

（一）进行有意识、有目的、有选择的观察

在课堂教学中，教师要有意识、有目的地观察和监控整个教学过程，这样，可通过观察到的情况随时对课堂活动做出调控。首先是教师要有强烈的观察意识，养成良好的观察习惯，在教学进程中随时随地进行观察；当然，教师观察不是无的放矢，要会拟订从简单到复杂的观察计划，逐步做到自觉地进行有目的、有计划、有选择性的观察。目的性要求是：看什么，为什么看，怎样看，要做到心中有数。观察本身不是目的，观察的真正目的是为了学生的发展，为了完成课堂教学的目标，为了实现师生之间的交流。计划性就是事先设置一定的观察点，何时何地观察何人，要做统筹安排，不要随心所欲。选择性的要求是：会选择具有代表性的观察对象，掌握良好的观察时机和便于观察的位置，突出所需要观察的对象。

（二）全面观察与重点观察相结合

教师在课堂观察过程中，既要眼观六路、耳听八方，对课堂中的全面情况加以监控，注重课堂教学整体性的效果观察，坚持面向全体学生，同时又要根据课堂情境的特点和学生表现，对课堂活动的某些方面或某些学生的个人行为进行重点观察，以达到对课堂活动的深入了解。全面性的整体观察与个体的重点观察相结合，统筹兼顾，不可偏废任何一方。

（三）保持观察的自然状态，不干扰学生的正常学习活动

在课堂教学中，教师的观察要仔细认真，同时还要保持课堂的整体气氛，不要因教师的不当观察影响教学活动，引起学生的反感。教师要逐步学会对微小、缓慢的学生行为变化进行精细的观察；对较复杂的动态变化，要熟练地分辨出学生的各种动作所表示的含义。教师的观察应与教学行为自然融合在一起，既要有意识地观察，又不露明显痕迹，不对学生形成明显压力，不让学生感到教师处处在监视自己而影响学习效果。

（四）排除各种主观倾向，进行客观观察

实践表明，教师心理活动的某些主观成分有时也会左右课堂观察，从而形成不准确甚至错误的观察结果。其实并不存在"不客观"的观察，因为任何观察都是一种选择，都会

自觉不自觉地受到观察者的价值系统的影响，会参考某些科学事实，或受到某种外来的干扰。课堂教学的观察要求教师力排干扰，尽量做到更加客观公正，避免上述所讲的种种观察误区。这不仅要求教师要有正确的意识，还要掌握一定的观察方法与技巧。不断培养自己的观察技能，提高观察水平，使观察得到的结论更符合实际情况，即更加客观。

客观性的要求是：能从实际出发，采取实事求是的态度，按客观事物的本来面目去反映事物，决不做主观虚构，实事求是地准确地记录观察结果；准确地描述观察结果，根据事实做出判断，推得结论；善于捕捉瞬间的课堂现象。

七、学习资源组织技能

教学资源是为教学的有效开展提供的素材等各种可被利用的条件，通常包括教材、案例、影视、图片、课件等，也包括教师资源、教具、基础设施等，广义的也应该涉及教育政策等内容。

自从 20 世纪 30 年代视听教育兴起以来，媒体的种类越来越多，应用也越来越广泛，教育观念也正在发生变化。早期，教师被看成信息源，媒体只起单向传递作用，把知识传授给学生，学生处于被动学习状态；到了 70 年代，人们认识到学生是学习活动的主体，媒体成为师生相互沟通的媒介物，师生应该更多地交流；到了 80 年代，学习心理学的发展推动了教育技术的进步，媒体再也不仅仅是传递信息的"通道"，而是构成认知活动的实践空间和实践领域，人们更加注意和关心媒体环境；到了 90 年代，人们认识到"教育技术是对与学习有关的过程和资源进行设计、开发、运用、管理和评价的理论和实践"，教学资源已经被提到了非常重要的地位，关心教学资源建设，加强对教学资源的认识和研究是极其迫切的任务。在以计算机、网络为主要教学媒体的学习中，学习资源（特别是学习内容资源）极为丰富，科学合理地组织和利用学习资源，是关乎学生自主学习效果的关键，因此教师的学习资源组织技能已经成为信息化课堂中教师的必备技能。

作为一名实施信息化背景下的教学者，应在教学中合理运用好各种教学资源。

①充分认识、恰当利用好教学资源的重要性，让好的教学资源成为我们在课堂教学中排忧解难的好工具。②择优筛劣，让资源为课堂教学推波助澜。教学资源无处不在、无时不现，教科书、图书、报纸杂志、电视电影、广播网络、民情风俗、教学基地，多方面、多渠道地为我们提供教学资源。③有效利用资源，让课堂效率事半功倍。同时，也要让学生学会有效地合理地利用学习资源，以达到高效学习。

总之，课堂教学资源的选取和开发，应该遵循"实效而有价值"的原则；教学资源的运用，我们则要遵循"恰当而有效"的原则，让教学资源切切实实地为课堂教学服务，为学生的发展服务。

八、评价技能

反馈就是控制系统把信息输送出去，又把其作用结果返送回来，对信息的再输出发生影响，起到控制的作用，以达到预定的目的。教学是一个有目的有方向的完整有序的复杂信息传递系统，在这一系统中，教师既是教学信息的传输者，又是反馈信息的接受者；学生也不是简单的信息接受者，在其内部存在对信息的加工与处理过程，并且他们还要将加工与处理的信息通过一定的方式输出，这个输出的信息对教师来讲就是反馈信息，教师依据这种反馈信息对自己的整个教学活动状态做出分析与判断以及必要的修正和调整；对于学生来讲，他们也要从教师那里获得自己有关学习行为及其效果的反馈，根据教师的反馈信息，对自己的学习活动形成反思总结，并及时修正与调整自己的学习行为及方式，使自己在学习中处于一种正常而积极的状态。由此表明，教学过程就是教与学的双方利用相应的教学反馈信息，不断调整各自的行为方式，以有效完成教学任务、实现教学目标的过程。教学反馈贯穿于整个教学活动过程。课堂教学评价是教师依据教学目标对教学过程及学生的学习结果进行价值判断，实质上评价就是教师给予学生的一种反馈。因此，在微格教学中，对于教师的课堂反馈教学技能、评价技能，还有的学者所分的总结技能等，都可归为反馈、评价技能。从本质上可以统归为反馈技能，但为了强调教师的判断性反馈对于学生的影响力，还是称为反馈评价技能。

教学反馈、评价的重要实践意义，就在于通过反馈、评价的调节、判断作用，能确保教学活动正常有效地开展并取得应有的教学成效。教师的反馈评价技能体现在这样一些方面：①准确性：教学反馈评价首先必须客观真实地表达有关信息，从而表现出应有的准确性。只有明确而具体的教学反馈信息，才有助于接受反馈信息的人准确把握，并才有可能对反馈信息做出合适的积极反应。教与学信息传递交流的直接畅通也是保证其教学反馈准确性的重要条件。②针对性：有效的教学反馈必须有明确的针对性。所谓教学反馈的针对性，就是指教学反馈总体上要主要围绕所要实现的教学目标和特定的教学内容与任务以及教与学方面的具体特点。③制导性：教学活动是一种有目的和有序的连续性活动，在这种活动中需要教与学双方表现出一系列的有效行为反应，而这一系列的有效行为反应主要是借助于一定的反馈制导性作用实现的。制导性的有效性取决于教师反馈评价信息的适时、适人、适度。④激励性：一方面，教师依据教学目标，对照学生的学习状态，向学生传递评价、启发、指导等反馈信息，使学生从中受到教益和激励，增强学习信心和兴趣，并激发起其进一步获得成功的新动机；另一方面，教师通过从学生那里获得关于自己教学方面满意的结果、肯定的评价等反馈信息，也能激发自己进一步做好教学工作的积极性，从而使教与学相互促进、共同进步。⑤适时性：根据不同教学活动及教学任务的需要以及学与教的具体情况，在适当的时候提供恰当的反馈信息。从教师的角度来讲，学生在追求学习目标、完成学习任务的过程中，如果能及时得到反馈，即让他们及时知道学习的结果，能明显地激发其学习动机，调动其学习的积极性。⑥多样性：有效的教学反馈无论是从其内容还是从其形式，也无论是从其途径还是具体的方法上都应该是具有多样性的。从其反馈内容来讲，有知识性结果的反馈和方法性策略的反馈以及思想鼓励性反馈等，从教学反馈的信息获取的方法看，有提问法、对话法、测评法、观察法、媒体传输法等。只有具备了多样性的反馈，才能更好更有效地适应复杂多变的教学活动的需要，这样的反馈也才是有效的反馈。而要想形成有效教学反馈的多样性，需要教学双方全面认识各种教学反馈形式，并具有根据特定的教学活动内容与任务及具体的教学情境灵活使用各种反馈的能力。

第四节　信息化环境下的微格教学评价

一、微格教学评价的分类

（一）评价方法

微格教学评价中存在着由来已久的定量评价与定性评价争论。定性评价是描述性评价，如实记录受训者在微格教学中所表现的特点。其中以美国著名教育学家爱伦的"2+2"教学指导法最为典型，其操作关键是对被评价者提出两条赞扬性意见和两条改进性意见：要一分为二看问题，不要意见一大堆或表扬一大堆，把反馈意见限制在每样两条上，旨在使参训人员把注意力集中在最重要的方面，重点突出，利于受训者抓住关键，改进和完善教学行为。定量评价则是将评价指标赋予数量值，并运用数理统计方法做出结论，以此反映受训者能力所达的等级水平。定量评价以外显行为为参照，具有易操作的特点，尤其对于教学与评价经验缺乏的评价者。局限也显而易见，定量评价对于权重的考虑难以周全，同时教学行为是与教材、学生紧密联系的，把教学行为分隔成几个部分来分析，只能考核出受训者教学技能的运用技巧和熟练程度，却很难反映出整体教学水平及其理解教材的能力。其结果可能造成受训者过于注重教学表层行为的规范性和技术性，对教学深层次的东西缺少考虑，导致在将来的教学工作中养成靠经验指导教学实践的习惯。这也是批评者对微格教学评价诟病集中的地方，认为过于受到行为主义思维的牵制。

由此，人们比较一致的观点是在实际操作中努力实现定量评价与定性评价的结合，评价指标被具体化为量化的评价指标体系加上评语描述，在此基础上，层次分析法被引入于微格教学评价。层次分析法由美国运筹学家萨蒂在 20 世纪 70 年代提出，其特点是将人脑分析方案的思维过程图式化，将评价者的经验判断予以量化，用于分析多目标、多准则、多因素、复杂大系统的定性与定量相结合的系统分析方法。有学者以微格教学"课堂教学技能"评价为例介绍了层次分析法的例子：

首先是分解与层次化阶段——将复杂的系统对象表示为一个有序、阶梯层次的结构模型。将典型微格教学的"课堂教学技能"分解为"导入""板书""演示""讲解""提问""反馈和强化""组织教学""变化""结束"九个技能。

其次是判断权重——对同一层次的评价指标两两比较相对重要性，得到各评判指标的相对权重，由专家根据教学技能一般评价经验并结合学科与内容特征，标出九个技能分项两两相比的权重系数。

最后是综合阶段——计算各层各指标的组合权重，得到相对于总目标的优先顺序。具体方法是用"迭代法""方根法"或"和积法"计算出各因素的相对权重及最大特征值。计算完成后还须进行一致性检验，以避免出现相互矛盾及违背常理的情况。

可见，微格教学评价是一个复杂的过程，评价方法与标准并不是静态的和一成不变的，应根据评价对象不同决定用哪一种评价策略，根据评价目的决定哪一种评价方法；并且，由于学科与内容不同，在同一种评价策略和方法中也需要调整评价指标。通常，传统微格教学评价由于评价的复杂性，学生参与的评价非常有限，在有限参与的评价中，评价的深度更是有限，毕竟，在资源总量限制的前提下，保障教学技能训练基本时间还是首要的选择。

二、评价主体

在评价主体上，微格教学评价除了教师评价外，还应包括自我评价与同伴评价，并且强调学生评价的积极参与性。三类主体的评价在微格教学评价组织中具有相对一致的流程。一个规范的微格教学评价过程开始于训练者的模拟上课或教学视频回放；然后进行自我评价，训练者向其他评价者阐述其设计方案、分析自己训练达到的目标程度；在此基础上开展同伴互评，组内同学逐个发表评价意见，并根据预先提供的标准与方法填写评价表；最后经教师点评，训练者结合各方建议，开展反思并修改教案。这些环节在时间上呈线性展开，不能跳跃，相互间也不能互换。因此，微格教学评价具有程序规范、线性组织的特征。也正是这种相对一致的规范程序保障了微格教学的效果，微格教学从本质上讲是一种可控制、模拟的小型教学系统，借助于视听技术，需要将复杂的课堂教学过程分解为简化、可观察的片段，使训练者有可能集中解决某一个特定的教学事件，在有控制的条件下进行学习。

然而，在教学组织形式上，微格教学的基本组织单元是小组——由若干名同学（一般为 6~10 人）组成一个小组，共用一个微格教室开展训练，一个教学班则视人数分为若干个小组。由于指导教师需要指导多个小组的教学活动，一种方法是利用微格教学系统的技术功能，指导教师在微格控制室同时观察多个小组的活动。在这种情况下，教师并不能对每位训练者进行全面而细致的观察，只能凭借经验进行走马观花式的"监控"，无法保证对每位训练者进行个别性的指导，其重点只能对一些共性的、突出的问题进行诊断，这实际上在评价环节出现了实质上的缺失。

另一种较为稳妥的方法是则按照"一个小组接一个小组"的线性顺序开展评价活动，但带来的问题无疑是延长了教学周期。客观上，一个学校微格教学场地总是有限，指导微格教学的学科教学论教师也有限，按教学计划所需，微格教学课程需要遵循知识与能力发展的顺序性，因此在时间安排上也必然存在着集中、受训人数多的情况，学校需要保证每位学生有相对平等的训练机会，微格教学时间也不可能无限制地延长。在此情况下，牺牲一定的质量换取效率成为无奈的选择。由此，微格教学评价过程发生异化，要么让位于孤立、有限的教师评价，要么是由学生个体反思取而代之，微格教学评价丧失了多主体——协商性评价机制的基本要求与集体优势，无法发挥微格教学评价所应有的功能。

三、评价对象

微格教学评价本质上也是一种价值判断过程，因此必然首先涉及对微格教学评价对象的认识。这是建立微格教学评价标准、开展微格教学评价的前提，而评价本身所蕴含的导向作用更是关系着未来教师的发展走向。对微格教学对象的认识主要从以下四个视角展开，分别是课堂教学构成要素分割的视角和教学能力分类的视角、教与学活动分析的视角和教学问题诊断的视角。

（一）课堂教学构成要素分割的视角

根据课堂教学构成的要素，将评价对象分为教学目标、教学内容、教学过程、教学方法、教学效果五大部分，然后每个部分进一步可分为若干个子项目，如：教学内容分为重难点是否突出、新旧知识是否有机联系等。其优点是脉络分明、层次清晰、易于把握，缺点也是明显的。一是因为微格教学评价侧重于根据评价者所表现出的外显行为的评价，课堂教学的五个部分只能通过受训者的教学行为体现出来，因此这只是间接的衡量指标，易造成微格教学评价标准缺乏准确性和针对性。二是评价标准旨在于提高受训者某方面的教学能力，其受训过程往往是以教学片段形式出现，而以课堂教学构成要素作为指标评价却又须在一个完整的教学过程中进行。

（二）教学技能分类的视角

这是从外显教学行为出发，将评价对象视为被评价者所表现的基本教学技能。我国教育部将教学技能分为导入、强化、变化刺激、提问、组织活动、教学媒体运用、沟通表达、结束、补救教学九项技能；而提问技能可再分为提问的语态、语速、提问的内容、提问的方式、方法；提问内容又可分为是否具有层次性，是否清楚、明了，是否反映了教学的主要内容，是否具有启发性等。教学技能分类视角的好处是具有良好的可观察性和可操作性。不足处在于，评价以教者的教学技能为评判指标而忽视学生的学，没有把学生的学提到与教师的教并重的地位，如：教师的提问技能是否能唤起学生的已有经验，是否给学生足够的时间思考，是否有利于学生的学习提高等。另外，仅从外显行为出发进行评价，很难涵盖教师教学行为的整体，因为教学行为包含教师内在的意识层面。

（三）教与学活动分析视角

依据教与学双方在教学过程中的活动进行分类，教是因，学是果。它可分为学生的参与（包括思维的参与、实践的参与、语言的参与）、与学生的交流、与学生已有经验的联系、学生的学习情绪、学生的探究欲望。每一个教的活动的描述性词语都涉及学的活动，如与学生交流的描述性词语分为是否能与学生有效地沟通（包括语言、表情、手势）、是否了解学生的意图及其问题所在、是否注重为学生创造利于交流的宽松环境。这种设计策略注重的是学生，使讲与学充分结合起来，在训练教学能力的同时，也使受训者有了明确的教学发展方向，就是教学要以学生为本。但一般情况下，微格教学的训练没有真正的学生，缺乏学生的配合也就使这种评价标准效果不明显。另外，仅以学生表现作为评价标准，很难对受训者的全面发展做正确的评估。

（四）教学问题诊断视角

立足于受训者在教学训练中常出现的问题，这些问题既反映师范生外在教学技能的不足，也是内在思想的反映，如：是否忽视了教学对象的学，是否关注学生的解答过程，等等。这种重教轻学问题实际上是教学观、学生观的问题。所以，微格教学问题诊断策略可从教学外在行为和教学思想两方面来进行：教学外在行为主要指教学方法、教学设计、教学技能等，其评价标准侧重于教学技巧熟练程度、教学行为的规范性、教学策略的和谐性，这是以往教学常用的评价标准。而教学思想主要指教学中是否体现先进的教学理念、教学目标的定位是否准确、教材内容的组织是否合理、教学过程设计与教学目标是否一致、对学生的评价是否有利于学生的成长、是否注重营造有利于学生发展的教学环境等。

教师的教学思想是内隐的教学行为，常被人们所忽视。因此，教学问题诊断策略能兼顾两者，具有很强的针对性；不利之处是它是针对受训者个体的，每个个体出现的问题都不尽相同，因而缺乏系统与完整性。

以上四种教学对象的分类中，第一种重在进行总结式评价——对被评者进行优劣评定，后三种重在进行形成性评价——对教学活动提供反馈信息，以提高被评者的教学能力。在选择建立微格教学评价标准设计策略时，需要根据特定的评价目标、评价对象和需要解决的问题，结合各种策略的特点综合改造，有选择性地加以运用。如进行教学技能基础训练时，可多用教学技能分类策略；如要进一步提高教学能力，则评价应以教与学活动分析策略为主；而对有一定教学经验，需向更高层次发展的受训者，则主要用教学问题诊断策略对其进行评价。

二、网络环境下微格教学评价特征

目前，市场上主流的微格教学系统已全面数字化，模拟音视频信号在存储端数字化后，在传输、控制与操作阶段以数字媒体格式运行，并与校园 IP 网络相连接，由此为微格教学网络化的二次开发与利用创造了条件，如：微格教学案例系统、数字化网络微格教学系统、整合播客的微格教学系统等。有关网络环境下微格教学评价的讨论正是由此得以展开。网络及运行其上的应用程序具有开放、双向可交互、时空可分合、数据可管理等特性，为微格教学评价带来了多种可能性，彻底转变模拟时代的线性评价模式。

（一）变线性评价为非线性评价，促进了微格教学评价主体的多元化

由于传统线性评价在时间维度上的限制，评价主体的多元化并不能得到真正的保障，将面对面过程中不能及时完成的评价转移到网络空间中进行，破除时间限制，达到了以"空间换时间"的效应，解决微格教学评价中具有优势而又面临实施困境的难题。同时，由于网络的开放性，评价主体也不再限于指导教师及组内同伴，组外同学、其他教师均可参与到评价过程中。但也有质疑声称，以时间的延长为代价来提高教学质量并不高明，不是一种提高效率的科学办法。不可否认，这确实会增加指导教师的工作量，加重了教师的负担。然而，这毕竟是提供了一种提高教学效果的可能性，况且时间的延长，只要在可接受的范围内，何乐而不为。另外，新环境带来教学的变革，有必要发挥教育管理者的智慧，相应地调整教师评价的方法。

（二）精细化评价对象，提升微格教学评价深度

微格教学优点在于"简化、细分、易于掌握的形式"，"微"蕴含着"精细化"的内

涵，而不在于宏大而完整的教学内容。近年来，一种称之为富互联网应用程序（简称RIA）的视频技术正在进入网络教学评价应用，RIA 同时具备桌面应用程序的人机交互及互联网应用程序的人际交互能力。RIA 技术能对流媒体视频进行逻辑层面的在线切片、编码与标注，与数据库结合则进一步实现视频信息的检索、分类与聚合。所有这些都没有对视频进行物理编辑，因此提供了视频交互高效与无限的可能。RIA 视频交互技术与数字微格教学系统结合，进一步深化了传统"微格"教学的精细化内涵。RIA 支持下的微格教学评价，训练者首先对其教学视频进行结构化标注，按教学过程、内容等关键点及时长对视频切片，并指出自己选择该设计的想法或依据，以及是否达到了预计的效果，完成自我评价，将教学设计意图清晰地展现给评价者，评价者可根据标注链接迅速定位至相关内容。评价者包括组内同伴、其他同学、指导教师、学科教师等各种角色的评价者，在提供评价意见时，同时也标注评价所指向的教学行为，评价与内容对应，有助于揭示教学行为背后的情境。

（三）提供多种评价标准选择，促进微格教学评价规范化

对微格教学评价对象认识的不同决定着评价标准设计策略的选择，形成不同的评价标准，不同的评价标准有着不同的适用对象；同时评价标准又受评价方法的制约，微格教学评价是一个由受训者、同伴、教师共同参与的过程，并强调学生在评价过程中的协商与参与。总而言之，微格教学评价是一个极其复杂的过程，如此复杂的评价过程是否能为评价经验缺乏、微格教学时间有限的学生所运用？网络技术与微格教学系统的结合为此提供了一种可能，因为网络技术至少带来了如下两个优势：①提供多种可供选择的评价模型，节约构建与理解模型所消耗的时间。实际上，评价者需要了解评价方法的原理，需要明白评价的构成与指标，但并不一定需要清楚评价体系中具体而又复杂的计算过程。同时，允许同时使用多个评价模型评价某一对象，通过不同模型间的比较，加深对评价指标的理解，以提高评价能力。②支持动态调整评价模型，使得学生参与协商型评价成为可能。利用系统提供的模型构建功能，师生可在已有模型基础上，针对评价对象、学科与内容特点，共同制定个性化的评价模型。学生不仅参与评价，甚至也参与评价模型、评价标准的制定，从而使得学生成为实质意义上的评价主体，成为微格教学评价的积极参与者。

三、网络环境下微格教学评价

网络环境下的微格教学评价，相比传统方式下的微格教学评价，主要体现在评价标准建构过程的变化。就微格教学过程而言，在线评价是围绕评价内容而展开的评价演练：一方面，通过线上线下结合，开展精细而深入的评价，促进被评价者技能的提升；另一方

面，教学评价本身是作为微格教学的一个目标的。

（一）实施网络评价的微格教学基本过程

1. 学习与示范

持认知学习主义观点的学者认为，职前阶段教师形成教学认知结构包括两个方面：一是教育理论和学科专业知识，二是关于教学技能的知识。微格教学阶段，学生在前期教育理论、学科、教材教法等基本知识初步了解的基础上，主要解决的是有关教学技能的知识。教学技能知识的掌握过程，作为一个经验传递系统，需要经过直观、概括和具体化等认知动作，以及识记、保持等记忆活动才能实现，其中直观、概括和具体化在知识掌握过程中占主导地位。在这个过程中，首先由教师指导和帮助学生，围绕将要练习的某项或若干项教学技能展开专门的讲解、分析和学习，包括该项教学技能的特点、教学功能、常用类别、适用条件及应用情境等基础性知识。同时，教师通过展示该项技能正误两方面的典型教学视频，为学生提供直观、对比性、可视化、形象化的示范材料，让学生通过亲身观察示范材料来感知教学事件的发展过程，构建教学认知的结构。

在学习与示范阶段，通常由教师讲解某项教学技能的原理、操作规范与注意事项，并提供正、反两方面典型案例予以示范，在这个过程中，可积累大量案例。通过微格教学本身而积累的案例可以发挥重要作用，因为对于训练者而言，这些案例的主角与其具有类似的经历，不仅具有一种心理上的"亲切感"，并且同样的学习起点与情境，易出现同样的困惑与问题，最具参考价值，作为初历者，犯错误不可避免，但可避免犯"同样的错误"。

2. 编写微格教案

学生根据前期学习与观摩体验，选择恰当的教学内容，编写微格教案。微格教学内容并不是一个完整的课堂教学单位，而是围绕某项特定的教学技能项目而选择的典型内容。与完整课堂教案不同，微格教案缩微版的教案，是课堂中精简而成的典型片段，一般而言，典型课堂的过程会被分割为若干个微格教学训练项目。因此，微格教案内容应避免选择过多，学生可以集中精力设计特定的训练项目，同时，也有利于多次训练中的反复修改，加深理解。作为网络评价准备，每一次修改形成的微格教案保存至网络平台，与训练者微格教学视频一一对应，是必要的，这也是网络评价开展的依据。

3. 微格教学与现场评价

在该阶段，学生正式进入微格教学实验室进行教学技能训练，采取角色扮演的方式，学生依次走上讲台，按照事先编制好的教案，交替扮演"教师角色"演练课堂教学技能，其他学生则扮演"学生角色"，与"教师角色"互动，从而支持模拟微型课堂的开展。在评价方式上，师生开展的是面对面的现场评价，由于现场评价时间非常有限，评价所应解决的问题不应该也不可能被期望在该阶段全部完成。现场评价的直接目的主要在于做好在线评价衔接，包括评价过程演练、在线评价组织、任务分配，这其中直接促进被评价者认知与技能的作用是有限的，这一目的应更多地在在线评价中体现。如有必要，现场评价过程也以视频方式录制保存，作为现场被评价者的学生，需要做好评价过程中的文字记录，这些材料作为评价示范上传至网络平台。一般而言，一学期微格训练课程中，每一位学生至少可以得到现场评价一次。

4. 在线评价

在线微格教学评价依托于微格教学网络平台开展，在评价主体上包括自我评价、同伴评价与教师评价。自我评价过程首先由被评价者提供评价材料，包括微格教学视频、微格教案及课件等，被评价者在回放观看教学视频的基础上，以文字方式提供教学设计的思路与想法，以及对教学过程的反思与评价。有别于面对面即兴的自我评价，在线式自我评价特点是相对比较深刻，思考比较全面，有利于较完整地将自身想法展现给评价者，因为被评价者有相对多的时间对自我教学过程进行反思，可以一次又一次地浏览教学视频。当然，这并非表示在线式自我评价比即兴自我评价更好，思考需要全面，快速的理解与反应能力也是教学评价所必需的，两者不存在孰优孰劣的问题，而是应认识到各自的优势，做好线上线下的结合。

不同于传统微格教学评价中以小组为单位的同伴，在线评价中的同伴不再限于组内，由于网络的开放性（限于平台及权限许可范围内），所有同学均能同等地对被评价者做出评价，不再存在组内与组外的区别。然而从评价组织的角度，设立小组有时又是必要的，有利于与线下的现场微格教学活动相结合，同时也有利于任务的定量化与分配。因此，可仍旧将现场微格教学活动的分组作为在线评价小组的划分依据，当然，这种在线小组划分只是逻辑性的，与作为评价者、被评价者所具备的功能并无实质关系。

在线评价中教师的职能是双重的，一是对被评价者做出直接的评价与指导，二是引导评价过程的展开。甚至重要的并不在于"尽心评价每一个视频"，而在于通过管理以及合适的引导手段，让所有学生能自觉、主动地开展互评。因为就微格教学评价目的而言，除了以评价改进被评者的教学技能外，教学评价能力的培养实际上更为重要；相比于教学技能，评价能力是一种更为上位的能力，评价能力的养成有助于学生教学能力的迅速提升。

在线评价依据微格教学视频相关的教案、课件等材料而展开，具有完整的材料，有利于被评价者充分展现设计意图，有利于评价者的充分理解，同时由于采用的是非实时的方式，没有面对面评价的紧迫与压力感，评价者有更为充足的思考空间。在评价方式上，评价者可立足于对评价对象整体方案的评价，然而更重要的是，借助于在线视频切片及 RIA 技术，允许被评价者与评价者对微格视频进行在线"剪辑"，对视频进行标注与逻辑切片，以此将评价内容与时间点相结合，从而不仅为被评价者展现更为清晰的评价靶标，而且更是对微格教学过程的进一步细分提供了可能，将微格教学"微"的优点进一步凸显。

5. 修改教学设计方案，再次演练与评价

在线评价开展的同时，被评价者吸收师生评价中的合理成分，修改教学设计方案，并再次训练该项技能。训练结束后，第二次视频、修改后的教案、课件再次上传至在线评价平台，再次进行以上 1~4 步骤的循环。由此，被评价者在平台中就同一训练内容具有了前后两份完整的视频，被评价者首先说明第二次设计方案的改进及理由，并在前后两个教学视频中分别标注改进位置，通过这种方法提供给评价者清晰、可视化的比照。因此，在线评价另一个突出优势就在于对比辅助作用，不仅可以进行个体纵向对比，还允许开展同类训练项目同伴间的横向对比，以此拓展评价的视野。

6. 形成档案，进入下一训练项目

微格教学评价在上一个典型的周期完成后，将进入下一个训练项目的实施。当然，这只是某种教学过程意义上的"结束"，在线系统中的评价可继续进行下去，甚至从发展性的角度——人教学能力长期发展看，这只是评价的其中一个阶段或环节。微格教学在线评价系统记录评价过程以及作为被评价者、评价者的数据，形成评价档案，为个人或群体长期发展评价提供数据。

在线评价实施过程中，评价过程可能并不会自动自发开展，这其中教师的管理将起到至关重要的作用。明确每一阶段的要求，甚至在初始阶段，在学生未形成良好评价习惯之前，以量化方式规定任务，有时候是非常必要的，比如：作为被评价者，每位同学至少发布评价材料 1 次；作为评价者，每位同学必须至少参与组内评价 10 次、班内评价 3 次。

（二）微格教学网络评价标准建构过程

1. 学习评价方法

微格教学实施过程中，要求学生开展自我评价和同伴相互评价，如何进行教学评价本身是微格教学的一个重要内容，评价方法的学习是开展微格教学评价的第一步。评价学习中，相对直观的案例尤为重要。这是因为，一方面是由于初学者缺乏实地教学评价经验，案例提供了可操作可模仿的示范；另一方面，由于评价方法的多样性，有限教学时间内教师不可能也没有必要对其进行——列举，除了原理与结构讲解，提供案例自学是一种较为经济的方法。

2. 构建评价标准

评价标准是教学评价的依据，教学评价由于评价方法、主体与对象的多样性，评价标准并不是静态的，从不同观察点所构建的标准，评价结果也会有所差异，评价标准的选择需要考虑若干方面因素。首先是评价目的，是评定等级还是改进教学技能，或两者兼而有之。其次是评价内容，根据评价内容的不同选择不同的评价对象分类方法，如进行基本教学技能训练时，一般用教学技能分类策略；如要进一步提高教学能力，则评价应以教与学活动分析策略为主；而对有一定教学经验，需向更高层次发展的受训者，则主要用教学问题诊断策略对其进行评价。同时，评价标准的选择也要考虑评价主体的起点与水平，保证评价方法的可操作性。此外，评价者可以建立自己的个性化评价标准，微格教学评价对于被评价者主要目的在于促进技能的改正提高，是一种形成性评价。因此，实际上没必要对所有评价者使用同一个标准，就算在同一标准要求下，排除对标准本身把握水平的差异，评价者观测角度、对评价要素主观偏爱等因素不可避免地还是会影响到评价结果，反而影响了标准的价值。

可见，评价标准的构建是一个复杂的决策过程，这个过程通常不可见，评价者与评价者、评价者与被评价者之间并不清楚彼此评价标准的形成依据。在这个过程中，微格教学在线评价系统提供评价者可供参考的模板，询问评价者选择评价方法与对象、评价要素权重调整的理由，引导评价者建立自己的评价标准，提高评价标准构建的效率，同时，也使评价者决策过程显性化，这对于评价方法的学习是有益的。

3. 实施评价

评价实施过程围绕着被评价者的微格教学过程开展，然而从学生教学评价能力培养的角度，这又是一个评价演练的过程。由于在线评价所能提供的广度与深度，以及微格教学时间有限的现实原因，评价演练主要在微格教学在线评价系统中进行。在这个过程中，教师的重点除引导评价过程的开展外，还须监测作为评价者的学生的评价标准建构及评价过程，总结评价活动中出现的共性问题，以便于有针对性地开展下一步的评价指导。此外，在教师精力许可的情况下，也可在评价系统中适当地对若干学生的评价活动做点评，进行直接指导。

4. 分析结果、完善评价标准

在第一轮评价活动结束后进行评价结果的分析，评价结果分析主要在线下完成，典型的做法是，首先由若干位作为评价者的学生向全体汇报其评价标准的建构过程、依据与想法，以及个人评价实施的情况；然后在同学间进行交流与评议；最后由教师进行点评，并就全体评价者的在线评价活动情况进行总结，展示优秀评价事件，指出共性问题，引导评价者反思个体评价过程，完善评价标准，并以此进行第二次评价。当然，在时间点上，评价结果的分析过程实际上与微格教学的实施过程相交叉，在微格教学计划中可专门列若干专题开展教学评价的学习。

5. 形成案例

在一个周期、两轮评价活动完成后，将形成一批由学生自行构建的评价标准，以及个性化的评价活动，通过在线评价系统由教师选择其中代表性的评价活动，包括优秀的评价标准和过程、存在典型问题的标准和过程，成为微格教学评价案例，为微格教学评价的教学提供生动的案例，为同伴特别是后来的学生提供有价值的参考。

参考文献

［1］陆灵明．初中信息技术优秀教学案例评析［M］．成都：西南交通大学出版社，2018.

［2］杨波．信息技术教学与创新［M］．广州：广东人民出版社，2018.

［3］梁思华．英语教学与信息技术深度融合［M］．北京：科学技术文献出版社，2018.

［4］闫战民，李奎武，朱玉廷．核心素养下的课堂教学［M］．沈阳：辽宁大学出版社，2018.

［5］张士民，李滔．课程与课堂的一体化建构［M］．南京：东南大学出版社，2018.

［6］高茂军，王英兰．核心素养引领下的课堂教学革新［M］．天津：天津教育出版社，2018.

［7］郭秀芳．基于学情的初中语文教学［M］．延吉：延边大学出版社，2018.

［8］张明纪．初中数学教学设计与教学方法研究［M］．青岛：中国海洋大学出版社，2018.

［9］王晓军．春蚕絮语：初中数学教学实践与思考［M］．北京：国家行政学院出版社，2018.

［10］王雅莉．初中化学PBL教学模式及应用研究［M］．上海：上海教育出版社，2018.

［11］闫景总．以学生为本的教学设计初中［M］．北京：教育科学出版社，2019.

［12］江少佳．初中数学变式教学探究与实践［M］．北京/西安：世界图书出版公司，2019.

［13］孙文忠．基于核心素养的初中化学教学实施策略［M］．长春：吉林人民出版社，2019.

［14］张怀斌．基础教育与教学研究［M］．西安：陕西师范大学出版总社，2019.

［15］公成敏．教育科学与技术在数学课堂教学优化中的应用研究［M］．成都：电子科技大学出版社，2019.

［16］何云峰．现代基础教育研究［M］．上海：上海教育出版社，2019.

［17］詹仁娟．分层理念在初中化学教学中的应用探研［M］．长春：吉林人民出版社，2019.

［18］张俊忠．基于核心素养的初中数学探究式教学研究［M］．贵阳：贵州大学出版社，2019．

［19］王健主．深度学习走向核心素养学科教学指南（初中生物）［M］．北京：教育科学出版社，2019．

［20］许燕春．精讲细读——初中语文讲读课型教学策略的实践研究［M］．福州：海峡文艺出版社，2019．

［21］张铭德．初中数学教学信息化体系建构研究［M］．天津：天津科学技术出版社，2020．

［22］石晓芸．信息化环境下初中道德与法治课教学改革［M］．广州：广东高等教育出版社，2020．

［23］徐智发．信息时代初中物理教学方法研究［M］．天津：天津科学技术出版社，2020．

［24］张晓琳．初中语文读写结合教学策略研究［M］．长春：吉林人民出版社，2020．

［25］周月玲，曾彩香，陈雪霞．初中数学翻转课堂教学模式研究［M］．长春：吉林人民出版社，2020．

［26］黄桂兰．转识成智的课堂教学［M］．上海：华东师范大学出版社，2020．

［27］崔晶．初中英语课堂有效教学的着力点［M］．长春：吉林人民出版社，2020．

［28］赵尚华．初中英语课堂教学关键问题研究［M］．上海：上海教育出版社，2020．

［29］陈尚宝．基于STEM理念的初中项目式教学设计［M］．桂林：广西师范大学出版社，2020．

［30］王锋编．核心素养视野下初中化学教学策略研究［M］．福州：福建教育出版社，2020．